国家宝藏

100件文物讲述中华文明史

【下册】

佟洵　王云松◎主编

四川人民出版社

图书在版编目(CIP)数据

国家宝藏：100件文物讲述中华文明史：全二册 / 佟洵，王云松主编. — 成都：四川人民出版社，2019.5（2023.9重印）

ISBN 978-7-220-11327-7

Ⅰ. ①国… Ⅱ. ①佟… ②王… Ⅲ. ①历史文物－中国－通俗读物 Ⅳ. ①K87-49

中国版本图书馆CIP数据核字（2019）第058636号

国家宝藏

100件文物讲述中华文明史（全二册）

佟洵 王云松◎主编

责任编辑	章 涛 邹 近
特约编辑	王玉敏 樊文龙
装帧设计	罗 雷
美术编辑	刘晓东
责任校对	蓝 海
责任印制	李 剑

出版发行	四川人民出版社（成都市三色路238号）
网 址	http://www.scpph.com
E-mail	scrmcbs@sina.com
新浪微博	@四川人民出版社
微信公众号	四川人民出版社
发行部业务电话	（028）86361653 86361656
防盗版举报电话	（028）86361653
照 排	
印 刷	艺堂印刷（天津）有限公司
成品尺寸	170mm × 240mm
印 张	30
字 数	375千字
版 次	2019年5月第1版
印 次	2023年9月第4次印刷
书 号	ISBN 978-7-220-11327-7
定 价	158.00元

目录（下册）

第八章 多元一体的文明进程

第九章 封建王朝的最后辉煌

第六章

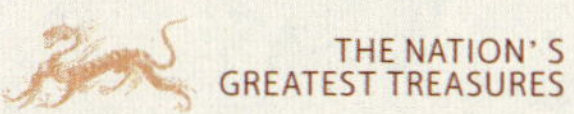

民族大融合的多彩时代

陈寅恪先生曾言：“李唐一族之所以崛兴，盖取塞外野蛮精悍之血，注入中原文化颓废之躯，旧染既除，新机重启，扩大恢张，遂能别创空前之世局。”三国两晋南北朝时期处在秦汉和隋唐两大文明高度发展的统一大格局之间，承上启下，继往开来，民族大融合的狂飙席卷南北，为中华文明注入了新鲜血液。三国鼎立打破了汉朝的大一统格局，西晋的短暂统一并没有改变历史的进程，北方少数民族纷纷进入中原，一方面带来了独特的文化思潮，另一方面接受了中原文化的熏陶。南迁的汉族迅速促进了江南经济社会的发展，丝绸之路上佛教和祆教随着绵延不绝的商队进入中原，北方草原丝绸之路在这一时期得到充分发展。书法和绘画艺术出现了中国艺术史上的一个高峰，王羲之、顾恺之成为中国艺术银河中最耀眼的恒星。

052 魏晋时期的农业生产

嘉峪关魏晋壁画墓壁画砖

国家宝藏

年代：魏晋，公元 220—280 年
尺寸：高 16 ~ 18 厘米，宽 34 ~ 36 厘米
材质：砖
出土地：1972 年甘肃省嘉峪关市东北戈壁滩魏晋墓出土
收藏地：甘肃省博物馆

【引言】在甘肃省嘉峪关市东北戈壁滩上有一些不起眼的小土包，没有人会想到土包下竟然掩埋着 1400 多座魏晋时期的砖墓群。这些墓大部分由画像砖垒砌而成，这些画像砖在构图经营、线条表现和设色上都独具匠心。它们不仅真实地反映了当时的社会生活，又是古代劳动人民向往美好生活的写照。

嘉峪关魏晋墓室壁画

嘉峪关位于甘肃省西部河西走廊中段，因建置于嘉峪山西麓地势险要的关隘而得名。在嘉峪关市东北20千米的戈壁滩上，有一个分布长达20多千米的古墓群，多为魏晋时期的古墓。较大一些墓葬的墓主人具有郡县级官阶和地方乡绅的身份，其墓室内多绘壁画，基本保存完好。

1972年，当地牧羊人偶然发现了这片魏晋时期的墓葬。当年发掘了其中8座墓，6座墓中均有壁画，共有画面600余幅。壁画以宴饮、出行、狩猎、农耕、采桑、畜牧、打场等生活场面为主，勾画出了一幅幅古代的民间风俗画，古朴、真实地再现了当地半耕半牧的经济生产和日常生活情景。

这些魏晋墓室壁画反映了中国古代绘画从汉向晋逐渐演变的过程，以及魏晋时代河西地区的绘画发生了由概念到具体、由粗到细、由装饰性绘画向独立的单幅绘画逐渐演变的情况，也说明了在北朝佛教壁画兴盛之前河西地区传统的壁画艺术已有了成熟的面貌。它不仅填补了中国绘画史上魏晋时期的空白，也为研究河西石窟艺术渊源等问题提供了珍贵的实物资料。

嘉峪关魏晋壁画普遍用白土粉涂底，有的先用土红色起稿，然后用墨线勾出轮廓，线条富于动感，用笔迅疾如飞，有着酣畅淋漓的气势。墨线轮廓中再填入赭石、朱红和石黄等色，呈现出热烈而明快的色调。壁画图像非常简洁，形象鲜明，善于捕捉各种动物的神态，以奔动的气势给人以强烈的艺术感受。这些方面构成了嘉峪关魏晋壁画豪放雄健的艺术风格。

其6号墓是西晋一位官吏的墓葬，虽历经1700多年却依然保持原貌。墓穴顶部有一小洞，一条钢丝自上垂下，原为悬挂油灯之用。建墓工匠在封墓前先点上油灯，再砌以七层砖封死，油灯燃烧尽墓中氧气后，墓穴自然形成真空状态，使墓中壁画和古物得以完好保存，色泽如新。3号墓中的《屯营图》和《屯垦图》，提供了当时军屯的形象资料。5号墓中的《武官出行图》，用笔熟练，色彩绚丽，有较高的艺术水平。壁画中更多地表现了劳动人民的各种生产活动，完整地描绘了从播种到收获的一系列农业生产过程，生动地刻画了河西各族人民的农作、畜牧、桑林、炊庖等各种劳动场景。如《双驼》《门犬》《宰猪》《屠牛》等，都是构思巧妙而意趣横生的艺术作品。

河西走廊的农业文化

汉代以后，河西走廊的农业生产得到了迅速发展。汉武帝“列四郡、据两关”，修筑河西长城，开辟丝绸之路，使经济文化交流空前活跃，大量移民到此，带来了中原先进的农业生产技术，开垦利用了大片荒地，兴修农田水利设施，耕地面积不断扩大，使农作物的生长有了物质保证。到了魏晋时期，河西走廊出现了畜牧天下饶、农桑赛江南的局面。在这样一个历史背景下，嘉峪关魏晋墓的砖雕和砖壁画所呈现的丧葬风俗，也与农业文化有关。

有些墓室内绘有人身牛首、人身羊首、人身鸡首等图像，这些都与传统的农神崇拜有关。在远古传说中，农神即炎帝，是人首牛身之神。《艺文类聚》引《帝王世纪》曰：“炎帝神农氏，姜姓也，人首牛身，长于姜水，有圣德，都陈，作五弦之琴，始教天下种谷，故号神农氏。”嘉峪关一带的百姓有信奉巫术、祭祀农神的传统。

在嘉峪关魏晋墓1号墓、3号墓、4号墓、5号墓、6号墓、7号墓等出土的大量壁画中，反映人们辛勤耕种劳作的画面比比皆是。如播种：一农妇在前播种，左手抱盆，右手高高扬起，有节奏地撒种。一农夫随后举牏碎土。犁地：一人一牛一犁，农夫一手攥着缰绳紧握犁把、一手举鞭，耕

嘉峪关魏晋壁画墓壁画砖之《耕地图》

牛前曲后躬，力度感强烈。耙地：一褐衣披发的少数民族农夫蹲在耙上耙地，突出了劳动者的身份。据史书记载，羌人“披发覆面”，“衣裘褐”，由此推断该农夫为羌族。农耕文化对游牧民族的巨大影响也可略见一斑。耱地：一农夫左手执鞭，右手揽着缰绳，利用身体的自重，站在二牛抬扛牵引的耢上耱地。耢是用来碎土保墒的农具。这幅砖壁画是中国最早的二牛抬杠的形象资料之一。打枷：一农夫手持木枷打场，枷为脱粒的农具，由长柄的一平排的木条或竹条构成。这从一个侧面反映了魏晋时期的生产力水平。从这些耕田、耘地、收获的农事画面中可以看到古代的农民对精耕细作的重视和付出的辛劳，而这些最基本的生产活动是他们日常生活的重要组成部分。

053 一件漆器引发的热议

国家宝藏

漆木屐

年　代：三国吴，公元 222—280 年

尺　寸：长 20.5 厘米，宽 9.6 厘米，厚 0.9 厘米

材　质：木质

出土地：1984 年安徽省马鞍山朱然墓出土

收藏地：马鞍山市博物馆

【引言】众所周知，日本人对木屐情有独钟，一般认为漆木屐是日本人最早发明的。而三国吴朱然墓出土的一件漆木屐，则证明漆木屐并非最早由日本人发明，而是由中国传到日本的。日本人之所以会对朱然墓如此感兴趣，是因为这件漆木屐颠覆了他们的“日本人发明漆木屐”这一观念。

一座漆器宝库的开启

1984年6月，安徽省马鞍山市郊发现一座三国时期的古墓，墓主人是东吴的一位大将，与孙权关系密切，还曾参与擒杀关羽。这位古墓的主人就是朱然。朱然率军“从讨关羽，别与潘璋到临沮禽羽”，因擒获关羽的功劳，他被封为昭武将军、西安乡侯。之后朱然参与东吴一系列重大军事行动，先是在夷陵之战打败刘备，接着据守江陵6个月，在缺兵少员的情况下，击退曹魏的十数万大军，“名震于敌国”。之后朱然官至左大司马、右军师、大都督，深得孙权信任，可以说朱然是东吴的一员名将。公元249年，68岁的朱然病死，孙权十分悲痛，“素服举哀，为之感恸”。但谁也没有想到，在朱然去世1735年后，他的墓室会重见天日。

朱然墓为土坑砖室结构的古墓，坐北朝南，墓道位于墓坑正南，为阶梯式。墓室位于墓坑中间，外侧总长8.7米，宽3.54米，自南而北分别为甬道、前室、通道、后室。地面有两层“人字纹”铺地砖，墓壁采用“三顺一顶”的砌法。甬道上有半圆形的拱顶和挡土墙，下砌封门砖。墓前室平面近正方形，有四隅券进式穹隆顶，顶上两侧有4个加固支撑的砖垛，后端有挡土墙。青灰色的墓砖上模印篆文吉语“富且贵，至万世”，“富贵万世”等。墓内共出土了青瓷器、漆木器、铜器、陶器等文物140多件和铜钱6000多枚。其中漆木器价值尤为不凡。同时出土的还有比如朱然的十几个“名片”，写有“故鄣朱然再拜 问起居 字义封”等字样。此外还有漆尺、凭几、漆盘等物品。

漆木屐的出土引发的热潮

朱然墓的发掘，被认为是有关三国时期考古的一项重要发现，在国内外产生了强烈反响。日本国家电视台先后两次来朱然墓园拍摄大型文物系列片《三国万里行》和《中华五千年》，部分出土文物亦于1987年应邀赴日本巡展，引起了日本各界的浓厚

兴趣。为何日本人会对朱然墓这么感兴趣呢？这和里面的一件文物有关。众所周知，日本人对木屐情有独钟，一般认为漆木屐是日本人最早发明的，而朱然墓出土的一件漆木屐距今已经有1700多年的历史，是目前中国最古老的漆木屐。这件实物证明漆木屐并非最早由日本人发明，而是由中国传到日本的，所以日本才会对朱然墓如此感兴趣。

这件漆木屐的屐板和屐齿由一块木板刻凿而成。屐板前后圆头，略呈椭圆形；屐齿为前后两个；系孔有三个，前端一个，后端两个，彩绳早已腐朽不见。木屐主体刻凿完成后，工匠又在木胎上打灰腻，一面刷黑漆，漆面光泽，另一面在灰腻中镶嵌细小的彩色石粒，然后上漆，磨平，露出点缀其间的彩色小石粒，使之呈现一定的美感。

在中国，木屐是汉服足衣的一种，是最古老的足衣。据文献记载，中国人穿木屐的历史至少有3000多年。1987年，考古工作者在浙江宁波慈湖新石器时代晚期遗址发现两件残存的木屐，均为左脚所穿，屐木扁略呈足形，前宽后窄。其中一件木扁身平整，上有五个小孔，头部一孔；中间和后跟处各有二孔，两孔间挖有凹槽，槽宽和孔径相同，推测其用途是在绳子穿过小孔后将其嵌入槽内，以使表面平整。出土时绳带已腐，也不见屐齿。另一件为圆头方跟，开有六孔，后跟处二孔间也挖有凹槽。据研究，这两件木屐已有4000多年的历史，属良渚文化遗物。木屐是汉人在清代以前，特别是汉晋隋唐时期的普遍服饰。汉代汉女出嫁的时候会穿上彩色系带的木屐。晋朝时，木屐有男方女圆的区别。南朝梁的贵族也常着

漆木屐复原图

高齿屐。南朝宋之时，贵族为了节俭也着木屐。除了两齿木屐以外，汉人在军队里还采用了平底木屐，以防止脚部被带刺杂草划伤。不仅军人如此，平民也往往在路上穿着木屐，防止脚被带刺植物划伤。李白《梦游天姥吟留别》有“脚着谢公屐，身登青云梯”的诗句，因此日本又称谢公屐为“山屐”。

不仅是漆木屐，墓中出土的其他漆器如漆槅、漆凭几、谒、刺等文物，都能从日本找到与之对应的东西。尤其是刺——这种中国古代的名片，在日本现代依然称为刺，足见三国时期吴国对外交流的兴盛。漆木屐的出土，也足以使人窥见当时中日文化、经济交流的盛况。

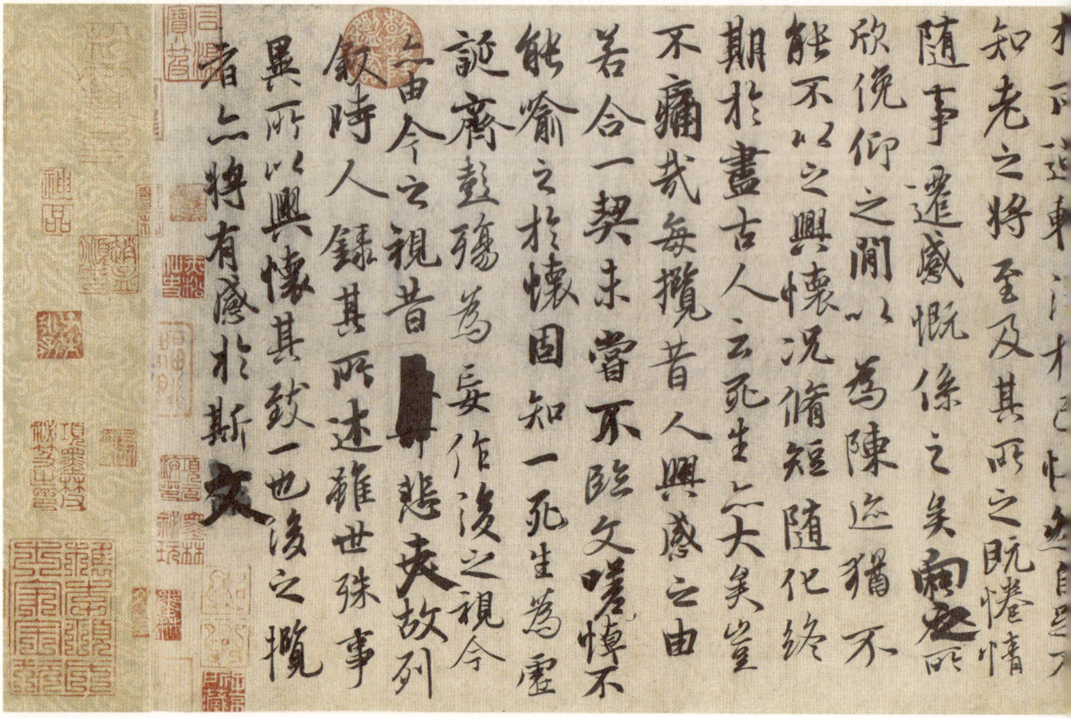

054 天下行书第一帖

《冯摹兰亭序》卷

年　代：唐，公元 618—907 年
尺　寸：纵 24.5 厘米，横 69.9 厘米
材　质：纸本
收藏地：北京故宫博物院

【引言】《兰亭序》又名《临河序》《兰亭集序》《禊帖》等，28 行，324 字，东晋永和九年（353）王羲之书，被米芾誉为“天下行书第一”。真迹殉葬昭陵，有摹本、临本传世，以“神龙本”为最佳。此帖用笔以中锋为主，间有侧锋，笔画之间的萦带，纤细轻盈，或笔断而意连，提按顿挫一任

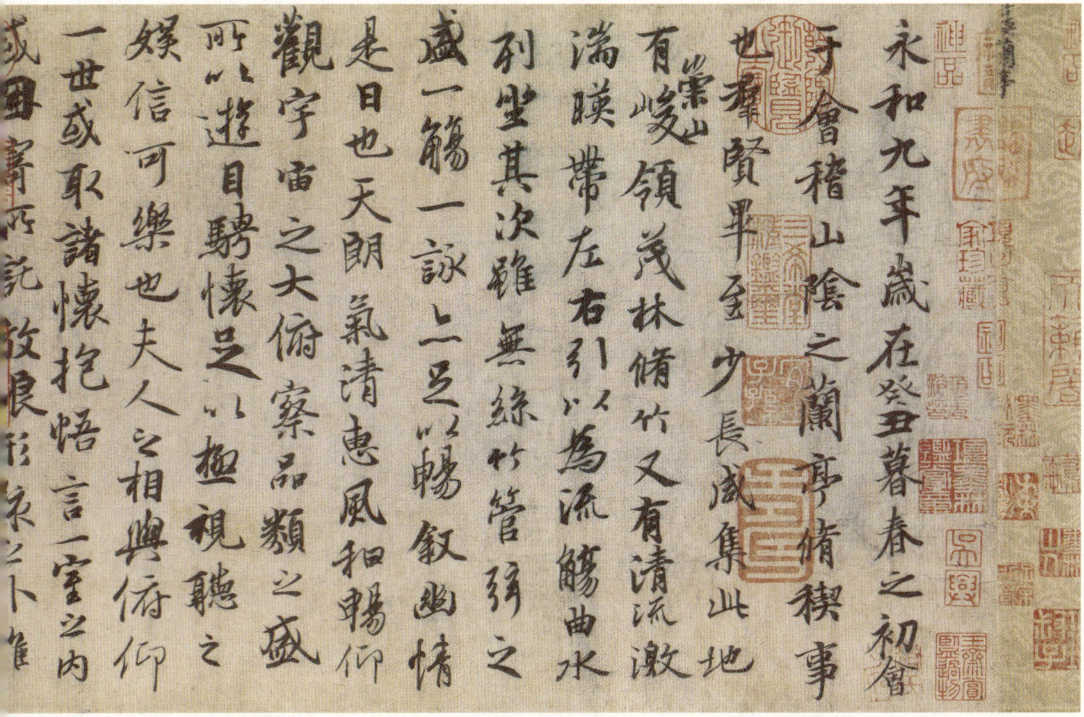

自然，整体布局天机错落，具有潇洒流丽、优美动人的无穷魅力，在中国书法史上具有崇高的地位。

兰亭雅集

晋穆帝永和九年（353）三月初三“上巳节”，正是春天的修禊日。王羲之与谢安、谢万、孙绰、孙统、王凝之、王徽之、王献之等名士举行风雅集会。修禊活动的地点兰亭就在临水之处，修禊的人可以“漱清源以涤秽”，即通过洗漱的方式把一切污秽的东西清除干净；洗漱过后，把酒洒在水中，再用兰草蘸上带酒的水洒到身上，借以驱赶身上可能存在的邪气，而求得平安、幸福。仪式结束之后，作为东道主的王羲之提议，既然今日“群贤毕至，少长咸集”，大家不妨玩个曲水流觞、饮酒赋诗的游戏。游戏规则是：大家在蜿蜒曲折的溪水两旁，席地而坐，由书童或仕女将斟上一半酒的觞，用捞兜轻轻放入溪水当中，让其顺流而下。根据规则，觞在谁的面前停滞不动，就由书永和九年歲在癸丑暮春之初會于會稽山陰之蘭亭脩稧事也羣賢畢至少長咸集此地有崇山峻領茂林脩竹又有清流激湍暎帶左右引以為流觴曲水列坐其次雖無絲竹管弦之盛一觴一詠亦足以暢敘幽情是日也天朗氣清惠風和暢仰觀宇宙之大俯察品類之盛所以遊目騁懷足以極視聽之娛信可樂也夫人之相與俯仰一世或取諸懷抱悟言一室之內

米記韓馮惜未見米黻跋蘭亭帖云唐太宗既獲此書使馮承素韓道政之流模賜王公云云其說本之張彥遠法書要錄而元章惟於褚遂良摹本跋詠及之其餘皆不置題品自緣未能盡見余於己巳夏題趙孝肅有韓馮摹本及今真定句今馮承素此卷及蟲禪室所弄虞世南摹本並皆所題跋卷皆唐時名蹟並入石渠寶笈又足徵海嶽所不足實 今看承素卷存真雖欣無翼聯孫羽翼致卻題似襯人 用舊題襯摹卷韻

壬辰暮春月中澣御題

……亦猶今之視昔悲夫故列敘時人錄其所述雖世殊事異所以興懷其致一也後之攬者亦將有感於斯文

長樂許將熙寧丙辰孟冬開封府西齋閱

臨川王安禮黄慶基同閱元豐庚申閏月十日

朱光裔李之儀觀元豐五年三月二十七日

李秬王景通同觀

甲午稧日靜心集賢官房潛翁出此帖共觀少焉風霽雪積仰觀宇宙之大俯察品類之盛亦足以極一時視聽之奇也試同邸所携李廷珪墨書此以識息翁永陽清叟文字景歐文

定武舊帖在人間者如晨星矣此又落落若啓明者耶元貞元年夏六月僕將歸吳興絳英因觀以此卷求是正為鑒定如右甲寅日甲寅人趙孟頫書

蘭亭八柱第三
晉唐心

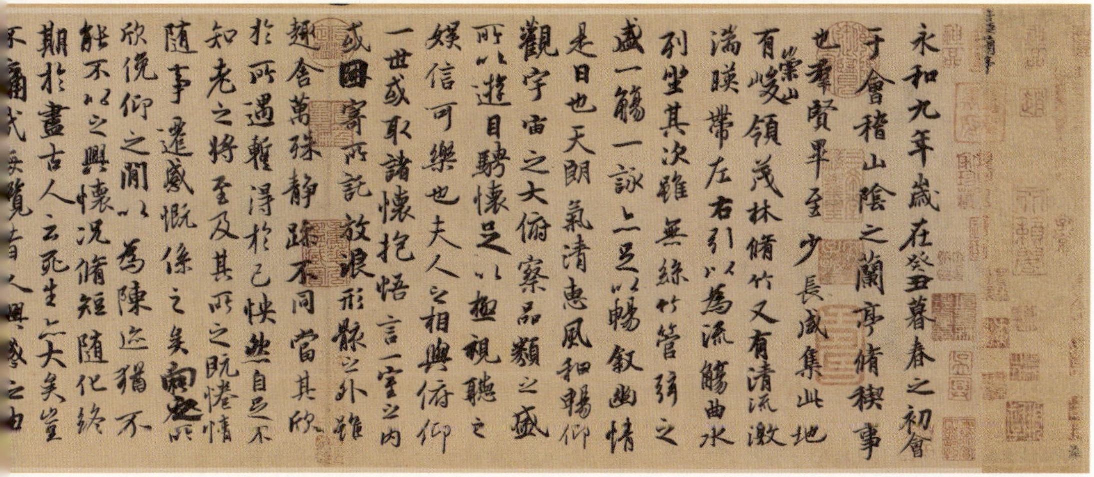

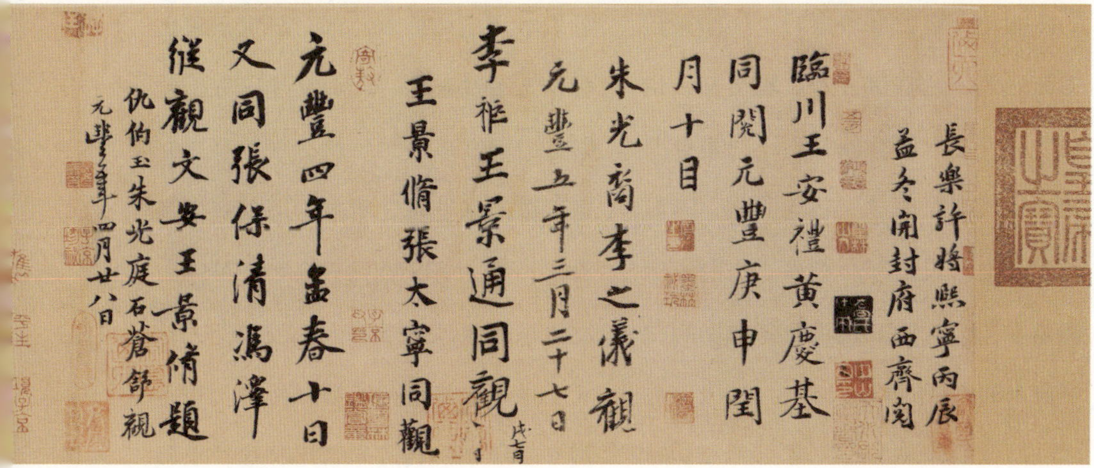

童或仕女用捞兜轻轻将觞捞起，送到谁的手中，谁就得痛快地将酒一饮而尽，然后赋诗一首；若才思不敏，不能立即赋出诗来的话，那他就要被罚酒三斗。这一提议得到了谢安等人的一致支持。活动中共有11个人各作诗2首，15个人各作诗1首，16个人因没有做出诗而罚了酒，总共成诗37首，汇集成册，称之为《兰亭集》。大家公推王羲之为之作序，孙绰作后序。王羲之趁着酒兴，一气呵成写下了《兰亭集序》。

兰亭雅集作为中国古代最风雅的一次文人集会，与会者曲水流觞、临流赋诗、宴游赏花、各抒怀抱并抄录成集，使得兰亭成为中国山水园林的发源地，自兰亭雅集后，中国兴起造园之风。兰亭集会的风雅精神，也成为后世文人骚客倾慕不已的集会典范，宋代苏轼的“相将泛曲水，满城争出。君不见兰亭修禊事，当时座上皆豪逸”，写的就是东晋豪逸山阴兰亭雅集的风流韵事。

《兰亭序帖》的流传

《兰亭序帖》真迹一直由王羲之后人保存，传至第七代后，为唐太宗所得。唐太宗对王羲之推崇备至，曾亲撰《晋书》中的《王羲之传论》，推崇其书法“尽善尽美”。又敕令侍臣赵模、冯承素等人精心复制一些摹本。他喜欢将这些摹本或石刻摹拓本赐给一些皇族和大臣，因此当时这种“下真迹一等”的摹本亦“洛阳纸贵”。此外，还有欧阳询、褚遂良、虞世南等名手的临本传世。今天所谓的《兰亭序》，除了几种唐摹本外，石刻拓本也极为珍贵。最富有传奇色彩的要数《宋拓定武兰亭序》。不管是摹本，还是拓本，都对研究王羲之有相当的说服力，同时又是研究历代书法的极其珍贵的资料。《兰亭序》是否真的是王羲之所书，历来有很多争议，清末和20世纪60年代都曾引发过相当激烈的学术大论战。但无论《兰亭序》是不是王羲之所书，也不管《兰亭序》真迹是否还存在，王羲之作为书圣以及《兰亭序》作为“天下第一行书”的地位早已不可动摇，王羲之和他的《兰亭序》已经成为超越书法艺术的文化符号而彪炳史册。

《兰亭序》现存五个唐代摹本，分别为虞（世南）本、褚（遂良）本、黄绢本（褚的另一摹本）、欧（阳询）本、冯（承素）本。这些摹本都曾被收入清乾隆内府，成为著名的“兰亭八柱”中的名作，清末局势动荡，这些摹本从宫中佚出，流散四方。虞本、褚本、冯本现藏于北京故宫博物院。

冯本为唐代内府栩书官冯承素摹写，因其卷引首处钤有唐中宗李显“神龙”二字的年号小印，后世又称其为“神龙本”，此本使用双钩摹法，摹写精细，原本的笔法、墨气、行款、神韵都得以体现，为唐人摹本中最接近兰亭真迹者。

055 中国绘画史上的典范

顾恺之《洛神赋图》（宋摹）

年　代：东晋，公元317—420年
尺　寸：纵27.1厘米，横572.8厘米（宋摹本）
材　质：绢本
收藏地：北京故宫博物院

【引言】《洛神赋图》是东晋著名画家顾恺之依据曹植《洛神赋》内容创作的作品。《洛神赋图》全卷分为三个部分，曲折细致而又层次分明地描绘了曹植与洛神真挚纯洁的爱情故事。其中最感人的是曹植与洛神相逢，但是洛

神却无奈离去的情景。该图被称为“中国十大传世名画”之一。

曹植与《洛神赋》

曹植的《洛神赋》主要讲述了主人公从京都回到封地的途中，经过洛水，遇到洛水女神宓妃的故事。原文中主人公虽然对宓妃充满爱恋，但最终却不得不离去的故事情节，表现了作者在现实中的伤感与无奈。曹植写作此赋的目的是什么？有人认为这是他思恋亡嫂甄后或亡妻崔氏所作，这其实是个误会。

要解开这个误会首先要从宓妃的传说说起。相传她是伏羲的女儿，因为迷恋洛河美景来到人间。那时洛河两岸住着洛氏族人，宓妃教他们结网捕鱼、狩猎养畜，还在劳作之余为他们弹奏七弦琴。优美的琴声被黄河河伯听到了，他潜入洛水，被宓妃的美貌深深吸引，就化成一条白龙把宓妃摄走。宓妃被带至河伯的水府深宫，终日寡欢，只能用七弦琴排解愁苦，后羿听到琴声就将宓妃救出，将她带回洛氏族中，并与宓妃产生了爱情。河伯大怒，再次化身白龙潜入洛河，吞没大片良田、村庄。后羿于是大战河伯，射中河伯的眼睛，河伯逃走，来到天庭告状。但天帝知晓人间一切，河伯没能得逞。后羿于是同宓妃在洛水一带住下来，过上了幸福生活。天帝后来封后羿为宗布神，封宓妃为洛神。对于因受人诬告而身处逆境、孤立无援的曹植而言，后羿的无私帮助，以及天帝的明察秋毫、秉公裁断才是他最需要、最渴望的，他渴望得到公正的对待，更渴望未来不用担惊受怕，施展胸中抱负。相对于儿女私情，这大概才是曹植创作时的所思所想。

《洛神赋图》的内容特点

该画卷以曹植的《洛神赋》为题材，描绘了作者对洛水之神宓妃的爱慕以及神人殊隔、不能交接的惆怅。作品将不同情节置于同一画卷，洛神和曹植在一个完整的画面的不同场景中反复出现。图卷以山石、林木和河水等背景，将画面分隔成不同情节，使画面既分隔又相互连接，和谐统一，丝毫看不出连环画式的分段描写迹象。画中山石、林木反映了早期山水画的表现技法和面貌。

《洛神赋图》虽然是人物画，但以大量山水为故事展开背景。由于顾恺之本人就是较早地涉及山水画创作和理论的大家之一，故我们有足够的理由相信《洛神赋图》中山水部分的画法是具有那一时代代表性的艺术式样。图中山石、树木造型稚拙，比例关系混乱，确如张彦远在《历代名画记》中所描述的那样：“魏晋已降，名迹在人间者，皆见之矣。其画山水，则群峰之势，若钿饰犀栉，或水不容泛，或人大于山，率皆附以树石，映带其地。列植之状，则若伸臂布指。”这为我们在理论与实物考据上揭示了早期山水画的特征。从线条来看，

《洛神赋图》线条细劲有力，如张彦远所言“顾恺之之迹，紧劲连绵，循环超忽，调格逸易，风趋电疾，意存笔先，画尽意在，所以全神气也”。线条的表现力内在含蓄，以表现意态为先。山石树木结构单调，状物扁平，但富于装饰性。作者以凹凸晕染的方法来增加立体感，这来自对青铜铸造艺术和帛画艺术手法的借鉴，来自那一时代随着佛教的传入，中西文化交流的发展和相互影响。此外，图中人物的塑造也非常成功。人物虽然散落于山水之间，但相互照应，并不孤立，神情顾盼呼应，使得人物间产生了有机的视觉联系，这不能不归功于作者对人物神态的准确刻画。

艺术研究家巫鸿曾认为，从美术史的角度来说，《洛神赋图》具有两大进步，其一就是人物画连续性故事风格的成熟，表现在同一人物的反复出现上。其二是风景画艺术得到了发展，画面中的山河树木不再是孤立的静物，而是结合故事情节起到了渲染比喻的双重作用。以这两方面来说，将《洛神赋图》喻为“中国绘画始祖”，诚非过誉。

顾恺之作为唯一一个有作品流传的魏晋南北朝时期画家，毋庸置疑地成为中国美术史上的一个标杆。对其个人风格予以准确把握，对了解六朝风格以及对中国六朝时期人物画的形成与发展形势进行更好的认识与了解具有十分重要的作用。可以说，顾恺之成就了享誉古今的世界级经典名作——《洛神赋图》，在清朝时，乾隆皇帝就这样称赞顾恺之：“子建文中俊，长康画里雄。”从根本上说，顾恺之所创作的《洛神赋图》完美地塑造了清雅动人、空灵脱俗的洛神形象，是中国六朝时期绘画艺术的巅峰之作。

056 草原丝路的见证

鸭形玻璃注

年　代：十六国北燕，公元 407—436 年
尺　寸：长 20.5 厘米，腹径 5.2 厘米
材　质：玻璃
出土地：1965 年辽宁省北票市西官营子北燕冯素弗墓出土
收藏地：辽宁省博物馆

【引言】魏晋南北朝时期，中原动荡，中西商路严重受阻，而此时的北方草原由于特殊的地理位置，为中西交流搭建了另一个平台。不断增多的考古发现足以证明，北方草原丝绸之路在魏晋南北朝时期得到了长足发展，并且形成了双向交流的局面。十六国时期北燕冯素弗墓出土的一批精美的玻璃器皿，应是当时经由草原丝路从罗马传入的舶来品，见证了十六国时期中西的经济文化交流。

冯素弗墓出土的玻璃器

1965年北票县西官营子发现了两座石椁墓，其中1号墓中出土了“范阳公”“辽西公”“车骑大将军”“大司马”四枚印章。按《晋书·冯跋载记》中记述，北燕的冯素弗曾先后受任范阳公、侍中、车骑大将军、大司马、辽西公等官爵。结合墓葬的所在地和相关资料，考古学者很快便推知了这两座墓是北燕天王的弟弟当时的重臣冯素弗和他妻子的墓葬。根据史书记载，冯素弗死于公元415年，可推算其死时年龄为30余岁。

1号墓随葬的器物十分丰富，并且制作精美。而玻璃器就出土有5件之多，晶莹剔透，色彩艳丽，其中鸭形玻璃注最为引人注目。众所周知，玻璃器易碎不便保存，鸭形玻璃注埋入地下长达1500年，保存如此完整，不得不承认这是一个奇迹。鸭形玻璃注为淡绿色玻璃质，质光亮，半透明，微见银绿色锈浸。体横长，鸭形，口如鸭嘴状，长颈鼓腹，拖一细长尾，尾尖微残。背上以玻璃条粘出一对雏鸭式的三角形翅膀，腹下两侧各粘一段波状的折线纹以拟双足，腹底贴一平正的饼状圆玻璃。此器重心在前，只有腹部充水至半时，因后身加重，才得放稳。此器造型生动别致，在早期玻璃器中十分罕见。

鸭形注是舶来品

中国传统国产玻璃器有着悠久的历史。春秋末战国初，西亚玻璃珠饰经过中亚游牧民族的中介，作为商品输入到中原地区。战国中晚期，中国已经能够制造外观上与西亚相似，而成分又完全不同的玻璃珠。这种受西亚影响建立起的玻璃业很快与中国文化传统相融合，开始生产仿玉制品，并采用与金属成型工艺相似的铸造法制作。

而冯素弗墓出土的玻璃器以透明深浅绿色为特征，器胎较薄又是卷边，玻璃碗下仍留有粘疤残痕。鸭形玻璃注更是造型奇特，以粘贴玻璃条装饰细部，这一切都是以吹制工艺闻名于世的古罗马玻璃器的重要特征。

玻璃吹制工艺最早产生在公元前1世纪左右的地中海东岸古罗马帝国，并迅速传播到古罗马帝国各个玻璃烧造工艺地。吹管玻璃技术向东方传播，尚缺乏文献记载。从出土的玻璃器判断，大约在公元5世纪北魏时期，中亚的工匠将吹制玻璃技术传到中国。其制作的玻璃器质量不精，很难与冯素弗墓出土的这批玻璃器相媲美。从目前全国出土外国玻璃器数量甚少的情况可以想象，那时进口的玻璃器，尤其像鸭形玻璃注这样精美的产品数量有限，因此统治者和富人才视如珍宝。

见证草原丝绸之路的繁荣

这批玻璃器是如何从遥远的罗马来到辽宁西部的呢?

公元前139年，汉武帝派张骞出使西域，开通了长安（今西安）经河西走廊、塔克拉玛干沙漠至中亚、西亚的商道，即举世闻名的丝绸之路。但在沙漠丝绸之路尚未开通前，古希腊已经称中国为塞利斯（Seres），意为“丝绸之国”。那时的西方世界又是通过什么渠道了解到中国这个东方文明古国的呢？大量的考古发现证实，在丝绸之路开通前，早已存在着一条鲜为人知、沟通东西文化交流的路径，那就是途径欧亚草原的草原丝绸之路。

草原丝绸之路的形成，与自然生态环境有着密切的关系。从整个欧亚大陆的地理环境来看，要想沟通东西方是极其困难的。环境考古学资料表明，欧亚大陆只有在北纬40度至50度之间的中纬度地区，才有利于人类的东西向交通。这一地区恰好是草原地带，中国北方草原地区正好位于欧亚草原地带的东端。因此中国北方草原地区在古代中国乃至世界东西方交通要道上具有重要作用。而中国北方草原是游牧民族常年居住的地方，游牧民族生活的迁移性，更有利于文化、技术的传播。

草原丝绸之路经过长时间的发

展，到了十六国时期已经进入了繁荣阶段。以龙城（今辽宁朝阳）为中心的慕容鲜卑地处草原丝绸之路的东端，在东西文化交流中起过重要作用。其西与柔然为邻，各民族间互相渗入和掺杂，交往频繁。而且北燕与柔然有通姻，北燕天王冯跋的女儿乐浪公主就嫁给了柔然可汗斛律，而冯跋也娶斛律亲生女儿为妻，建立了稳固的和亲关系。这为草原丝绸之路的畅通，提供了重要保障。

北燕冯素弗墓出土的玻璃器是中国出土的年代较早、数量最多的一批，与其形态相似的玻璃器在朝鲜半岛和日本也有发现。从这些玻璃器的发现看，草原丝绸之路东到辽宁，又通过辽宁连接着朝鲜半岛和日本。

057 越窑青瓷和佛教文化

青瓷莲花尊

年代：南北朝，公元 420—589 年

尺寸：高 63.6 厘米，口径 19.4 厘米，足径 20.2 厘米

材质：瓷

出土地：1948 年河北省景县封氏墓出土

收藏地：中国国家博物馆

【引言】青瓷莲花尊，是南北朝时期名贵的青瓷器。南北朝时期，南朝青瓷日益成熟，北朝青瓷迅速崛起，南北朝青瓷中都出现了青瓷莲花尊，青瓷莲花尊以器形硕大、纹饰精美、制作工艺复杂著称于世。以当时窑炉烧制技术来看，一次烧成，难度相当大。可以说，青瓷莲花尊的烧制成功代表了南北朝时期瓷器制作工艺的最高水平。

青瓷名品

青瓷是南北朝时期瓷器的主流，缥瓷、千峰翠色、艾青、翠青、粉青等都是就青瓷而言的。但有些青瓷因含铁不纯，还原气焰不足，色调便呈现黄色或褐色。商代出现的原始青瓷发展到东汉有了重大突破。在浙江、江苏、江西、安徽、湖北、河南、甘肃等地东汉墓葬和遗址中，都出土了东汉的青瓷。科学试验测定结果表明，此时的青瓷釉中含铁量比原始青瓷少，透明度也达到了较高水平。说明东汉时期青瓷烧造技术已经较为成熟。三国两晋南北朝时期，南北各地烧制青瓷更为普遍，瓷窑增加，瓷器种类繁多，质量也进一步提高。南方和北方青瓷各具特色。南方青瓷，胎质坚硬细腻，呈淡灰色，釉色晶莹纯净，人们常用“类冰似玉”来形容。北方青瓷，胎体厚重，釉面玻璃质感强烈，流动性大。作为南北朝时期瓷器的主流，青瓷施含铁成分的釉，便可烧出怡人的青绿色。中国国家博物馆收藏的这件青瓷莲花尊形体高大，胎质厚重，形如橄榄，比例协调，线条优美，通体施青绿釉。器物表面有九层仰覆莲花瓣装饰。器身中有团花、菩提叶和飞天等纹饰。整件器皿集刻划、雕塑、模印、粘贴等多种技法为一体，纹饰繁缛，上下辉映，浑然一体，精美绝伦，代表了南北朝时期制瓷工艺的高超水平。

佛教与灵魂观念的融合

南北朝时期，中国传统的儒、道与外来的佛教文化融合交汇，瓷器烧造业也受其影响，造型与装饰带有浓厚的佛教色彩。从陆续出土的实物来分析，青瓷莲花尊应该是安奉墓主灵魂的器皿，类似于魂瓶，是佛教精神和中国传统灵魂观念相结合的产物。

这类瓷器多出土于大型墓葬中，装饰的莲瓣、团花、飞天、神兽等图案与佛教艺术题材相吻合，是贵族使用的有一定宗教意义的随葬品。有学者从莲花尊的仰视图中发现：以尊盖上正中的盖钮为中心，向外层层扩展仰覆莲的莲花瓣、团花、飞天，这种造型与佛教曼陀罗非常相似。曼陀罗是梵文“mandala”的音译。意译为“坛场”，以“聚集”为本义，指一切圣贤、功德的聚集之处。魏晋时期流行以安息死者灵魂的魂瓶作为随葬器。在此基础上加入佛教因素，便形成了青瓷莲花尊。按照佛教的说法，此种器物能超度死者的亡魂，使其免遭轮回之苦，进入涅槃境界。

058 南朝生活的瘦骨清像

国家宝藏

邓县画像砖

年　代：南北朝，公元 420—589 年

尺　寸：长 38 厘米，宽 19 厘米，厚 6 厘米

材　质：砖质

出土地：1958 年河南省邓州市许庄村南朝墓出土

收藏地：中国国家博物馆

【引言】提到南朝的画像砖，代表性的作品就是 1958 年出土于河南邓县（今邓州市）的画像砖。这些模印彩色的画像砖，都是预先设计，精工制作，砌缝紧密；画面构图紧凑，人物造型颀身丰腰，面相圆润，姿态生动，具有南朝人物画“秀骨清像”的特征，深刻再现了南朝时期的贵族生活。

邓县画像砖艺术

1957年12月，邓县许庄村村民在兴修水利时发现了一座墓穴。1958年，河南省文物工作队开始进行考古挖掘，清理出陶器、钱币等各类器物几十件，发掘出了34种不同类型的彩色画像砖，其中有一块战马画像砖，侧面有墨书“家在吴郡”等字样，由此该墓被断定是南朝刘宋时期的墓穴，这是中原地区到目前为止，发现的唯一一座南朝彩色画像砖墓。邓县南朝彩色画像砖墓发掘后，曾引起中国艺术界、建筑界的高度重视。彩色画像砖运抵北京后被定为国家一级文物。范文澜在《中国通史》中称：“河南邓州许庄南朝画像砖墓是一个重大发现。”

画像砖是古人营造祠堂、墓室、石阙等壁面的一种重要的装饰性图像材料，始于战国晚期，盛于提倡厚葬的汉代，创新于魏晋南北朝，流行至隋唐宋元，是中国历史文物宝库中的一朵奇葩。邓县画像砖呈长方形，砖体边框为凸线，外沿饰莲花、忍冬纹样图案。一砖一图镶砌于甬道、墓室

邓县画像砖之《贵妇出行图》

的34种模印画像砖，填涂红、黄、绿、蓝、棕、紫、黑七彩，色泽如新。画像砖图案内容大致可分三类：一是表现车骑出行的场面。以牛车为中心，包括具装盔甲战马、执棒武士、乐队舞蹈、供献仪仗、牛车、步辇、贵妇出游、仕女出行等。二为汉代以来流行的孝子画像。有“郭巨埋儿”等孝子故事。三是与当时宗教迷信有关的内容。如代表宇宙四方的青龙、白虎、朱雀、玄武，代表祥瑞的凤凰、麒麟、天马、珍禽等，代表道教神仙的王子乔、浮丘公、商山四皓、跨虎仙人、天人骑龙等，反映佛教题材的供养飞仙、伎乐天人等。这些画像砖与墓中所出土的55个神态各异、着装不同、手头身可转动的仪仗陶俑相配合，彰显了墓主生前的生活实际。每块模印彩色画像砖都是预先设计，精工制作，砌缝紧密；画面构图紧凑，人物造型颀身丰腰，面相圆润，姿态生动，具有南朝人物画“秀骨清像”的特征；凸出画面的线条流畅奔放，是极富有装饰性的艺术珍品。

从画像砖看南朝人物画的艺术风尚

中国人物画发展至魏晋南北朝已进入成熟期，审美风尚鲜明独特。魏晋时期一改汉代人物画淳朴古拙的特点，开始追求人物潇洒风流的外貌神韵。发展至南北朝，南朝人物画在沿袭魏晋风流的基础上对风流洒脱有着更狂热的追求，甚至趋向于颓然萎靡、放纵任情的精神状态与审美风尚。从其中的人物形象可以看出南朝人物画的审美风尚。

从邓县画像砖的内容我们不难看到，人物的品性气质决定人物的形象表现，南朝人物的内在性格倾向于随意率真、任性纵情。南朝人物画在某种程度上倾向于表现精神，即绘画的主要侧重点不在于表现画面的实在内容，而是通过绘画中线条、色彩的特殊处理来表现人物自身的审美高度与思想品性，体现了整个时代的审美风尚。邓县南朝画像砖中的人物形象反映了南朝人物画在容止上追求的是举止风流、神采奕奕的风貌，一如《颜氏家训》中有关世人外貌气质的记载：“无不熏衣剃面，傅粉施朱，驾长檐车，跟高齿屐，坐棋子方褥，凭斑丝隐囊，列器玩于左右，从容出入，望若神仙。”由此可见南朝人物画倾向于褒衣博带、秀骨清像、神采飞扬、望若神仙般的审美风尚。

南朝处于乱世，却洋溢着追求人性自由、敏思智慧、风流倜傥、超然物外的艺术氛围。这一时期，社会政治的动荡不安使文人士大夫采取了避世隐逸的态度，于是，在精神上寻求与残酷现实相悖的“极乐之境”，魏晋玄学、清谈应运而生。这样的社会风气造就了时人看似荒诞离奇的行为与空灵的审美意识。若是安稳盛世可能就不会造就这般社会风气与艺术风貌，也正是由于残酷现实的极大束缚和长期压抑，才使得时人对审美风尚的追求如此大胆至性、空前绝后。这是南朝人物画留给世人的最珍贵的艺术财富。

059 南北文化融合的佳例

北魏漆屏风画

年　代：北魏，公元 386—534 年
尺　寸：长约 80 厘米，宽约 20 厘米
材　质：木质
出土地：1965 年山西省大同市石家寨司马金龙墓出土
收藏地：大同市博物馆

【引言】20 世纪 60 年代中期，在山西大同考古发掘了北魏琅琊康王司马金龙墓，其中出土了 5 块较为完整的木板屏风漆画。漆屏风画以娴熟的绘画技法，描绘了十几幅丰富多彩的历史人物故事，并辅以大量的题记，生动地反映了当时的社会意识形态和经济文化生活，弥足珍贵。

北魏漆屏风画局部

漆画内容与工艺

司马金龙是司马懿四弟司马馗的九世孙，其父司马楚之系东晋显贵，元熙元年（419）楚之因刘裕诛杀晋宗室而窜逃降魏，封琅琊王。楚之去世之后，司马金龙承袭父爵。据此墓中出土的墓志铭记载可知司马金龙墓的确切纪年为北魏孝文帝太和八年（484）。司马金龙在北魏袭爵做官，备受宠信，死后赠大将军、冀州刺史、谥康王。此墓墓葬规模较大，除出土大批陶俑、石雕柱础、石棺床和生活器具外，尤以制作精美的木板漆画著名。这批漆画被视作珍贵的古代绘画实物。

漆画绘于床榻周边围立的屏风上，残存5块。每幅约长80厘米，宽20厘米，两面绘制，分上下4层。其上朱漆髹地，线描勾勒人物，墨书榜题。画面内容延续汉代以来帝王将相、烈女、孝子等传统故事，如帝舜、周太姜、周太姒、周太任、卫灵公、齐宣王、晋文公、孙叔敖、汉成帝与班婕妤以及孝子李充、卫灵公夫人、蔡人妻等。屏风的工艺制作采用榫卯联结，继承战国、汉代漆画的传统技法，设色富丽、边框装饰精巧。人物描绘运用铁线描法，兼施浓淡色彩渲染，形象生动逼真，并有纵深的空间感和立体感。构图上重在突出主题，中心人物大于陪衬人物。画风古朴，富有装饰性。漆屏风画的出土，弥补了北魏前期绘画实物的空缺，画法上与传为东晋顾恺之的《女史箴图》酷似，亦与传为初唐阎立本的《古帝王图》之间有着承继关系。此外漆画上的榜题，较典型地反映出由汉隶向唐楷演变中的魏书发展面貌，字体圆润俊秀、气势疏朗，是不可多得的北魏墨书真迹。

漆画之价值

汉代为维持社会秩序，巩固封建政权，将绘画艺术与儒家伦理观念密切结合，用圣君、忠臣、节妇、义士、孝子这些三纲五常的典范鉴戒子民。把他们绘于屏风和墙壁之上是一种常见的做法。这些主旋律宣传画一直延续下来，乃至北朝时期也争相效仿，司马金龙墓漆画即是最好的佐证。

司马金龙墓漆画在汉代单勾线和大笔平涂的基础上前进了一大步。它采用了细劲的铁线描，笔触干净利落，流畅准确。线描勾绘得心应手，一挥而就。人物形象，生动逼真，栩栩如生，从姿态中表露出身份和远近纵深的空间关系。构图上采用了突出主题、中心人物大于陪衬人物的手法，色彩谐调沉稳。人物渲染浓淡适宜，尤擅表现衣纹的转折流畅程度，来增强人物的活力和肤色的立体感。特别是鱼尾状裙摆垂地后拖衬托以轻拂的裙带，陡增人物飘逸灵动之神韵，其画风已颇近似于顾恺之的《女史箴图》，表现出了一种正如《历代名画记》所讲的“春蚕吐丝”“吴带当风”的画风和意境。

司马金龙墓漆画为研究南北朝时期的髹漆工艺提供了可贵的实物资料，通过此漆画我们可以亲眼目睹1400多年前，古人那流畅自如的线条勾勒，绚丽多彩的设色渲染，是如何使笔下的人物个性卓然，取得浑然天成的艺术效果。它的绘画风格、技法、设色富有强烈的时代特征，上承秦汉，下启隋唐，不失为南北朝时期的一件杰出代表作。

060

北齐的天子生活

高洋墓壁画

国家宝藏

年　代：北齐，公元 550—577 年
尺　寸：长 37 米，最高处 8.2 米
材　质：壁画
出土地：1989 年河北省磁县湾漳村高洋墓出土
收藏地：河北博物院

[引言]北齐文宣帝高洋墓墓道壁画 1989 年出土于磁县湾漳村。墓道呈斜坡状，在墓道两侧和底部地面都有彩绘图案，面积约 320 平方米。地面绘莲花和缠枝花卉组成的装饰图案，东西两壁绘制 106 位真人大小的仪仗人物和 41 个祥禽瑞兽。壁画内容丰富，技艺高超，代表了北朝时期绘画艺术的最高水平。

发现高洋墓

1958年起，河北磁县湾漳村村民因为建房造路需要大量取土，便将村子附近一座原本高大的土丘渐渐夷为平地。后来这里突然塌陷出一个大洞，村民们发现洞内有很深的积水，以为是口古井，便把洞口整修成一个简易的井台，用积水来浇灌附近的菜地。就这样，村民们与“古井”生活了28年。在1986年，邺城考古队来到湾漳村调查时，发现了这口“古井”的真实身份。考古队员通过塌陷的大洞，看到巨大的井壁内积水面以上绘有彩色的壁画，从而断定，这口与村民们相依为命的“古井”竟然是一座古墓。次年，考古队开始对这座大墓进行抢救性发掘。

这座大墓原来的坟丘有25米高，直径超过100米，像座人造小山。墓南还有宽15米，长约270米的神道。神道东西两侧，排列放置高大的石刻人像，祭祀用的享殿台基范围超过了2000平方米。这种规模和布局，显示着皇家的威严和气派，显然是一座帝陵。虽然这座墓室被打开后发现有多次被盗的痕迹，但是仍然出土了2000余件文物。遗憾的是，没能发现证明墓主人身份的文字实物。但通过对墓葬形制、结构、壁画内容、随葬品等进行分析，再结合文献资料推测，考古专家初步断定墓主人为北齐开国皇帝高洋。高洋（529—559）即北齐文宣皇帝，高欢次子，东魏时封齐王。东魏武定八年（550）代魏自立，改元天保。他热衷佛教，改定律令，连年击败柔然、突厥，修筑长城。后来却嗜酒混狂，荒唐残暴。

匠心独运的高洋墓壁画

北齐高洋墓壁画的出土，使1400多年前的北朝真迹重见天日，在中国考古界和美术史论界引起了不小震动。高洋墓是一座帝陵，级别很高，壁画艺术水平也最高，洋溢着皇家气息，它代表了北朝时期宫廷绘画的最高水平。壁画古朴典雅，遍布整座墓葬，仅墓道两壁就达320平方米，气势恢宏，让人称奇。墓道中，在莲花纹和忍冬纹的地毯上，有4列共106位手持各种仪仗的人物，前面有青龙、白虎引领，他们在近4米高的大朱雀的凝望中，缓缓前行。天空中彩云朵朵，飘落着莲花、摩尼宝珠和忍冬，飞奔着各种神禽瑞兽。那出行的场景极其豪华、壮观。北朝绘画继承了汉晋传统，借鉴和吸收了南朝文化和西域的艺术风格，有着强烈而鲜明的时代气息和艺术特色。墓室壁画艺术也在延续和发展，不断融入外来式样和时代新风。高洋墓墓室壁画突破了传统的空间布局，开启了在墓道两壁绘制壁画的先河，通过墓主人出行时的仪仗等画面，来炫耀墓主人高贵的身份和地位。

其壁画中的人物，极为写实，脸型多样，个性鲜明，气韵生动。绘制更为精细，更为传神，色彩也更为华丽。在壁画的布局上，面对向同一个方向行进的众多人物，画家充分利用人物侧面、正面、回首等不同角度，避免单调呆板；神禽异兽中也绘制了几个回头张望的形象，使之成为前后呼应的整体。这就使得众多的人物、神灵、禽兽，彼此呼应，浑然一体，满壁生辉。画家在用线上，也极为灵活。因表现对象不同，线条或豪放洒脱，有粗细变化；或匀细流畅，富有弹性。在用色上，画家注意浓淡搭配和色彩对比，或平涂，或晕染。画家将西域的凹凸晕染与中国传统的晕染法相融合，使那些人物形象非常鲜活，呼之欲出。画家将西域的凹凸润染与中国传统的晕染相融合，使那些人物形象非常鲜活，呼之欲出。

高洋墓壁画中的《神兽图》

061 祆教在中国传播的见证

国家宝藏

安伽墓石门

年　代：北周，公元 557—581 年
尺　寸：高 2.24 米，宽 1.46 米
材　质：石质
出土地：2000 年陕西省西安市未央区大明宫乡炕底寨村安伽墓出土
收藏地：陕西历史博物馆

【引言】安伽墓是中国发现的最早有确切纪年的粟特人墓葬。墓葬中有墓志和一套完整的石棺床围屏图像。这 12 幅围屏图像，生动展现了 6 世纪中原地区粟特人的社会风貌，为我们研究北周史，特别是北周时期旅居中国的粟特贵族的服饰、生活习惯、宗教信仰、汉化程度以及葬俗等方面内容提供了

极为珍贵的资料，值得我们细细品味。

中亚来客

2000年5月在西安市未央区大明宫乡炕底寨村西北约300米处，发现了一座粟特胡人墓葬。墓葬西距汉长安城遗址3.5千米，地处西安北郊龙首原。墓葬保存完好，没有被盗掘过，其中没有珍贵的陪葬品，但墓室门额和石围屏上的画像却引起广泛关注。

这座墓葬的主人是一位长期旅居于北周的粟特人——安伽。安伽，字大林，姑藏人，在北周为同州萨保、大都督，卒于大象元年（579），享年62岁。姑藏即凉州，是南北朝时期粟特胡人的聚居地。唐代林宝《元和姓纂》记载，安氏“出自安国，汉代遣子朝，国居凉土”。粟特胡人到唐时又称为昭武九姓，这九姓是指康、安、曹、石、米、何、火寻、戊地、史。因之，可知安伽祖先是原居住于锡尔河与阿姆河之间的安国粟特胡人。两河之间大约即今乌兹别克斯坦和塔吉克斯坦、土库曼斯坦等地区。

安伽是北周时期粟特贵族，安伽的祖先曾生活在东西往来的交会点——凉州，随着民族文化交流的日益频繁，他也加入了来华的潮流，长期定居中国并担任萨保这一特殊官职。安伽作为北周的萨保，发挥着外交官的职能，主要负责管理来华贸易、定居人员以及主持宗教祭祀等活动。

拜火圣坛图像

安伽除管理入华贸易的粟特胡商外，还是宗教首领，管理着祆教事务。祆教是世界上历史最悠久的宗教之一，又称为拜火教、火祆教，公元前6世纪由索罗亚斯德（前628—前551）在波斯东部创立。阿契美尼德王朝（前550—前330）和萨珊王朝（226—651）均奉其为国教。该教以《阿维斯塔》为经典，基

本教义是善恶二元论，认为宇宙初有善与恶两种神灵：善神叫阿胡拉·马兹达，意谓智神之主，是光明、生命、创造、善行、美德、秩序、真理的化身；恶神叫安格拉·曼纽或阿里曼，是黑暗、死亡、破坏、谎言、恶行的化身。该教认为火是善神的儿子，象征着神的绝对和至善。因此，礼拜圣火是教徒的首要义务。

在安伽墓的甬道前，有一石门。门楣及门框刻有大回旋的葡萄卷枝；门额呈半圆形，刻祆教祭祀图。祭祀图之正中有三驼圣火坛。三驼头部外向，三尾相接，驼峰上之仰覆莲座上置一大圆盘，中有垒成井字形的燃料，冒着熊熊烈焰，驼足下有覆莲一周，圣坛之顶有忍冬花纹。从画面比例分析，三驼圣火坛约有一人多高，较两侧之小型火坛要大得多，这可能是迄今为止在中国境内发现的各类圣火坛中，体量最大的火坛。之所以用骆驼来承托，是因为祆教认为骆驼是益兽。据《阿维斯塔》，公驼是巴赫拉姆即战争和胜利之神的化身，三头公驼承托的圣火坛，可能寓意战胜邪恶具有更大的力量。

圣坛之右上侧有弹拨箜篌的天人，左上侧有手持琵琶的天人，天人身侧祥云缭绕，飘带飞扬。圣坛之左右两侧各有一人首鹰足的神祇，神祇前方各有一六足祭案，上置各类金银器。在门额左右下方，又有跪坐的男女胡人，前置小型拜火圣坛。这幅图像雕刻在门额这样显要的位置上，不仅证实了墓主安伽的萨保身份，同时也是北周时期祆教在中土流行的物证。

安伽墓围屏局部

062 丝绸之路上的文化交流

鎏金银壶

年　代：北周，公元557—581年
尺　寸：通高37.5厘米，最大腹径12.8厘米
材　质：银质，外表鎏金
出土地：1983年宁夏回族自治区固原市原州区南郊乡深沟村李贤夫妇合葬墓出土
收藏地：宁夏回族自治区固原博物馆

【引言】胡瓶最早可以上溯到西晋时期，其来自西域、细颈鼓腹、高脚带柄的造型，以及迥异的图案，深深地拓展了中原民族的艺术想象力，被形容为“奇状”。随着人们逐渐接受了这种风格，它也就成了丝绸之路上的常客，穿过重重大漠来到中原汉地，被珍视，被仿制，幻化出各种造型。

丝路西端的美丽传说

1983年9月至12月，宁夏回族自治区博物馆和固原博物馆发掘了著名的北周柱国大将军李贤及其妻子的合葬墓。在这座古墓里，出土了金、银、铜、铁、陶、玉等各种质地的随葬品达700多件，特别是鎏金银胡瓶、玻璃碗、金戒指、漆棺画、陶俑等最为珍贵。李贤夫妇合葬墓是固原历史上最具代表性的墓葬之一，也是1984年全国重大考古发现之一。

这座墓葬中出土的一尊带有古希腊神话故事的鎏金银壶，一时之间引起了国内外广大考古学家、艺术家、历史学家的注意。这是一件通过丝绸之路流传到中国的具有古希腊风格的金银器，精美绝伦，独一无二，被誉为固原博物馆的镇馆之宝。

李贤墓曾被盗掘而扰动严重。在墓室西北角，因早年塌方，这件鎏金银壶被土掩埋，幸而未被盗走。瓶重1.5千克，长颈，鸭嘴状流，上腹细长，下腹圆鼓，环形、单把，把上方铸一头戴贴发软冠、高鼻深目的人头。高圈足，足座高8厘米。壶颈部与腹部相连处有13个凸起的圆珠组成的联珠纹一周。壶腹与高圈足座相接处以及足座下部亦分别焊出一圈11个和20个凸起的圆珠，形成联珠纹饰。围绕腹部则有用凸纹锤揲出的6个人物图像。

这六个人物，可分为三组。第一组：左侧男子束发带盔，身着短袖衣裤，右手持盾，左手执矛；右侧女子束发，身着衣裙，披斗篷，转身回顾男子，左手持一物，右手抬起指向自己。第二组：一女一男相对而立，左侧青年女子侧身站立，右侧男子身着短袖衣裤，披斗篷，右手在腹前持一物，似乎欲将此物送与女子。第三组：右侧男子肩披斗篷，赤身裸体，左手握住女子右腕，右手伸出二指托女子下颌；女子长发束带，身着衣裙。三组图像相互联系，人物形象相似，可以肯定是一对男女的三段故事。

这三组图像反映的故事是古希腊著名的“帕里斯裁判”和“特洛伊战争”。传说在古希腊爱琴海有个岛国特洛阿德，都城叫特洛伊。神王宙斯让该国王子帕里斯评判三位女神（天后赫拉、智慧女神雅典娜、爱情女神阿芙洛狄忒）谁最美丽。为了得到金苹果，阿芙洛狄忒许诺把世上最美的女子嫁给帕里斯。于是帕里斯将金苹果给了阿芙洛狄忒。此时，愤怒的赫拉和雅典娜发誓要向所有的特洛伊人报复。后来，帕里斯也确实在阿芙洛狄忒的帮助下从斯巴达拐走了王后海伦，制造了特洛伊战争的导火索。第一组人物表现的是帕里斯劫持海伦上船的情景。第二组人物表现的就是“帕里斯裁判”，男子为帕里斯，手中拿着金苹果，女子为阿芙洛狄忒。第三组人物表现的是海伦被丈夫夺回的情景。由“红颜祸水”海伦引发的特洛伊战争，造成死伤无数。战争结束后，丈夫准备杀死她，可当他看到海伦的倾国之貌后，又下不了手，最终原谅了她。

银壶生动地反映了上述故事，而且从发型与衣饰来看都带有古希腊、古罗马的艺术风格。此外，壶把上的人物头像，与瓶身上的人物不同，是中亚的巴克特里亚人形象。由此可见，这件鎏金银壶确实是4—6世纪中亚与欧洲两地文明频繁交流的成果。

胡瓶对中国酒具的影响

胡瓶是从西方传入的有别于中原瓶状器皿的一种特殊形式。它的出现，对中原民族饮酒方式的影响甚为深远。汉代以前的瓶子是侈口、细颈、鼓腹、圈足的盛容器，日常主要用于汲水、洒水。而在早期的饮酒活动中，均没有瓶的出现，盛酒、挹注酒、饮酒，用的多是尊、勺、耳杯等器具。

在西方，胡瓶与饮用乳品、葡萄酒有关，其作用主要是为饮者分别注饮品入杯中，从而形成了单把环柄、其流细长如喙、其足环而稳定的易注液体的特点。李贤夫妇墓出土的鎏金银壶正是这样一件承前启后、时代特征明显的早期胡瓶。它是隋唐时期各式胡瓶艺术品的先导，也是尊、勺等酒具向酒壶过渡的有力物证。总之，这件融汇了中亚、希腊文化因素的胡瓶，反映了丝绸之路上各种文化的交融，是不同民族文化审美共同作用的产物，对中原地区的审美情趣、生活方式影响深远。

第七章

万国来朝的盛世时光

在世人眼中，隋唐时期是继秦汉之后中华大地上第二个大一统的盛世，其影响力足以超迈前代，别开新面。隋唐时期之所以能够创造以盛世为标榜的文明奇迹，核心就在于这一时期中华文明主要特征——和谐、包容、开明、开放得到了全面提升。以唐朝为例，在同地方民族政权的交往中，除了战争之外，和亲、册封、羁縻等一系列和平手段变得常态化。而作为当时国际化大都市的长安，居住着许多外国的王侯、供职于唐朝的外国人，以及留学生、学问僧、求法僧、外国的音乐家、舞蹈家、美术家，乃至大量外来的商贾。大食、天竺、真腊、狮子、新罗、日本等许多国家的使臣络绎不绝。在宗教方面，除了道教和佛教，伊斯兰教、祆教、景教和摩尼教也都得以传播。唐太宗设立的十部乐，其中四部来自唐朝境内少数民族，四部来自国外。在隋唐五代的传世文物中，大量的国宝级文物充分体现了这一历史时期中华文明的辉煌，中华文明持续不断的和谐、包容、开明和开放。

063 来自异域的珍宝

嵌珍珠宝石金项链

年　代：隋，公元581—618年
尺　寸：周径43厘米
材　质：金
出土地：1957年陕西省西安市李静训墓出土
收藏地：中国国家博物馆

【引言】项链的历史可以追溯到遥远的史前时期，及至现代，它仍在女性的脖颈间熠熠生辉，绽放光彩，成为女性最重要装饰品之一。不管是贝壳、兽骨，还是玛瑙、玉石、珍珠、金银，甚至是一片羽毛、一根丝带，做成各种形状，排成不同序列，挂在脖颈上，举手投足间便增添了无限光彩。若说中国历史上最为精美、最为贵重的，非陕西西安李静训墓出土的那件黄金镶嵌各种珠宝、充满异域风情的项链莫属了。

九岁小女孩的奢华之殇

1957年的8月，中国社科院考古研究所在陕西西安玉祥门外发掘了一处隋代竖穴土坑墓葬，墓室正中为一座精美的石棺椁，棺椁周围放置着陶屋、陶灶、陶罐、陶井、陶牛及木马、瓷器、镇墓兽和陶俑等。一个年仅九岁的小女孩静静地躺在石棺中，她头朝南，两手抱在胸前，身上穿着丝、麻材质的精美衣服，手腕上套着金手镯，手指带着金戒指和银戒指，身体周围放置着金杯、银杯、银筷、银调羹、玉环、骨梳、玛瑙串、波斯银币、琥珀饰品、铜镜等大量珍贵文物。正如墓志铭所载：“戒珠共明珰并曜。”众多珍宝中，最引人注目的是她脖子上戴着的那条奢华的黄金项链。

这件项链周径43厘米，由28颗直径1厘米的金质球形链珠组成，每个链珠均由12个小金环焊接而成，小金环上又焊接小金珠一圈、大金珠5颗，链珠上再镶嵌10颗珍珠，多股金丝编制的索链连接成链身。项链上端为扣钮，正中为圆形，内嵌一颗凹雕鹿纹的青金石，链身与扣钮连接处分别有方形、圆形的青金石装饰。链身的下端是一组垂饰，居中为一个大圆金饰，上面镶嵌一块鲜艳的红宝石，四周围绕24颗珍珠，下端为一水滴形镶嵌火蛋白石的金饰，左右又有青金石、珍珠装饰。璀璨的黄金、宝蓝的青金石、鲜红的宝石、洁白的珍珠，穿越数千年时空仍然交相辉映，光彩夺目，项链堪称举世无双的精品。

墓中的这个小女孩年仅九岁，名李静训，字小孩，家世显赫。她的曾祖父李贤为北周骠骑大将军、河西郡公。祖父李崇为一代名将，先后随周武帝宇文邕、隋文帝杨坚打天下，战功赫赫，官至上柱国，48岁时以身殉国。父亲李敏因李崇之故得到隋文帝的恩宠，养育宫中。外祖母是有名的周皇太后杨丽华。墓志记载，其“幼为外祖母周皇太后所养，训承长乐，独见慈抚之恩；教习深宫，弥遵柔顺之德”。这位小女孩自出生便尊贵无比，集万千宠爱于一身，只可惜九岁时就因病殁于汾阳宫中，周太后悲痛万分，隋炀帝“频蒙诏旨，礼送还京”。可能是受礼佛的周太后影响，最终李静训厚葬于当时的皇家寺院——万善尼寺，除了在坟墓之上构建重阁，还陪葬着堪比王侯的奢华宝物。悲痛的周太后一定是把最好的宝物给了这位英苔春落的掌上明珠，包括这件精美无比、璀璨夺目的项链。

当年的重阁已淹没在历史的喧嚣中，只剩下巨大的台基，其宏大与辉煌人们无法窥知，仅能透过陪伴李静训千年之久的无数珍宝，去感知她生前所受的恩宠。年仅九岁的她也许知道这件项链是来自异域的珍宝，但不会明白这件项链是何等的宝贵，也不会想到这件充满异域风情的项链是如何跋山涉水、历经险阻来到她身边。对于锦衣玉食的她来说，这只是她众多宝物中的一件而已，然而对于今天的考古学者来说，这件项链却承载了隋朝中外文化的交流和传播，是东西文化交流的重要见证。

饰品折射的中西文化交流

这件金项链无论是制作工艺、造型设计还是装饰特征，都充满浓郁的异域风格，学者们普遍认为这是一件来自异国的珍宝。

从制作工艺上来说，这件项链的链珠由12个小金环焊接而成，即国外学者认为的“12面珠”，这种金珠在越南南部和巴基斯坦均有发现。西方学者马贡称这种金珠技术可以追溯到美索不达米亚的两河流域，在公元前4世纪的乌尔第一王朝已经出现，后来逐渐流行于克里特、波斯、古埃及等地，并随着亚历山大东征流传到印度地区。中国境内的金珠工艺很可能是来自两河流域，经过欧亚草原、阿尔泰地区，大约在战国时期传入中国北方，再进一步传入内地。到了西汉，中国工匠已经掌握了这种将自然金加工成细小金珠的工艺，东汉时期金珠工艺发展成熟，到了隋唐时期发展到了鼎盛。当然，中原地区的丝绸、瓷器、铜镜等物品也顺着这条道路一路向西，成为西方上层贵族凸显地位、炫耀财富的资本。

从装饰宝石来看，项链上镶嵌的青金石非中国所产，古代的阿富汗巴达克山是其主要产地。项链扣钮中间的青金石上凹雕一只大角鹿，类似装饰的宝石在巴基斯坦发现了3件，时间为公元前4世纪。凹雕技法源于两河流域和伊朗高原，以鹿、虎、狼等动物装饰的风格广泛流行于欧亚草原，无论是青铜器和金银器上甚为常见，而中原地区鲜有发现。凹雕大角鹿的青金石装饰为这件项链的来源提供了参考和佐证。

从项链的设计来看，环形的链身下部镶嵌青金石、珍珠，正中垂挂水滴形装饰，同类型的设计在印度、阿富汗及中国新疆地区均为常见。

北京大学杭侃教授认为整条项链的设计和工艺混合了罗马和西亚的因素，暗示其可能制作于不同文化的交融地带，也许是西亚或者是中亚西部。熊存瑞把这件项链的产地定位于巴基斯坦或阿富汗。除了这件项链，李静训墓还出土不少异域珍宝，一件装饰风格与项链基本一致的金手镯可能也是来自中亚地区，也许来源于印度。还有一件金银高足杯，属于罗马拜占庭传统造型，很可能来自更为遥远的西方。正如孙机所言，这些金银器的产地在古代世界星罗棋布，正反映当时中国对外交流之广泛。

1983年，李静训的曾祖父李贤墓在宁夏固原被发现，墓葬中出土的鎏金银壶、蓝宝石金戒指、玻璃碗也都来自异域。这些珍宝的出现与李氏家族的社会地位和其在西北的经营是分不开的。也许是战争中获得的战利品，也许是与西域商人交换所得，也许是来自皇族的赏赐。不管怎样，项链、手镯、波斯银币、鎏金银胡瓶等来自异域的珍贵宝物，既是东西文化交流的见证者，也是传递者，它们悄悄地开启了万国来朝的盛世曙光。

064 粟特贵族的宗教生活

虞弘墓石椁

年　代：隋，公元581—618年
尺　寸：通高217厘米，长295厘，宽220厘米
材　质：汉白玉石
出土地：1999年山西省太原市晋源区王郭村虞弘墓出土
收藏地：山西博物院

【引言】丝绸之路是历史上横贯欧亚大陆的贸易交通线，不仅促进了欧、亚、非各国和中国的友好往来，也促进了相应的物质文化与精神文化的交流。其中中国境内出现的波斯风格祆教文化就是丝绸之路宗教交流的产物，要想了解这个古老的宗教信仰，山西省太原市晋源区王郭村一处隋代古墓出土的虞

弘墓石椁就是最好的材料。

沧海掘明珠

1999年7月的一天，山西省太原市晋源区王郭村的村民正在热火朝天地整修道路。突然，在距离路面十几厘米的深处挖到一块坚硬的石板，继续清理便发现了一座古代墓葬。随后，考古队对该墓葬进行清理，发现这是一座由墓道、甬道、墓门、墓室组成的砖室墓，为男女合葬墓，墓中出土了石椁、石柱、石人俑、陶俑、白瓷碗、墓志、钱币等几十件文物。

葬具仅存一汉白玉石椁。石椁呈三开间、歇山顶式殿堂建筑，由底座、椁壁和坡面顶三部分组成。椁座下四周各垫两狮头，头向外，背上负着椁座。当考古人员细心清理之后，发现石椁上刻满了精美绝伦、充满异国风情的图案。四周内外皆有浮雕，并施以彩绘和描金，彩绘浮雕由50多幅不同主题的单体图案组成，每幅图案由彩绘或雕刻成的龛门、壸门或用束腰柱自然分隔。有男女主人宴饮宾客、欣赏乐舞的场景，有骑马狩猎、人狮搏斗的残酷场景，还有旅途驻足、饮食休息的场景等，高鼻深目的胡人形象、系带飞翔的小鸟、鱼尾有翼的神马、欢腾旋转的胡腾舞无不充满着异域风情。尤其值得一提的是，前壁下排正中的祭祀礼仪图案：灯台形的火坛正燃烧着熊熊烈火，两位人首鹰身的祭祀左右相对而立，头戴发冠，身披丝带，一手捂嘴一手扶着火坛。这是与中国古代佛教、道教等宗教完全不同的宗教信仰形式。

虞弘墓石椁之《骑马狩猎图》

虞弘的世界

石椁的出土震惊了考古学界，诸多学者对石椁图案进行解读和研究，普遍认为这些图像具有古代波斯袄教文化特征。

袄教，即琐罗亚斯德教，崇拜太阳、光明与火，流行于中亚古国，是波斯萨珊王朝的国教。于公元前5—前1世纪沿丝路向东方传播，被认为是最早传入西域的宗教。石椁浮雕彩绘告诉我们，墓主人一定与袄教有着紧密的联系。

从出土墓志可知，墓主人姓虞名弘，字莫潘，鱼国尉纥驎城人，曾奉茹茹国王之命，出使波斯、吐谷浑等国，后出使北齐，随后便在北齐、北周和隋为官，在北周一度任“检校萨保府”，职掌入华外国人事务。隋开皇十二年（592）卒于晋阳，时年59岁。2006年吉林大学边疆考古研究中心的古DNA实验室对虞弘夫妇遗骨分析检测结果显示：虞弘的DNA属于西部欧亚大陆特有的U5单倍型类群，带有这种基因的人群主要分布在今塔吉克斯坦和中国新疆喀什地区。北京大学考古系教授林梅村认为，虞弘的祖先是曾经活跃在甘肃东部至山西北部的杂胡之一，虞弘出生地“尉纥驎城”在今新疆伊吾县。

虞弘的经历十分丰富，不是单纯在北周居住的异族人，还先后担任诸多官职，其中“检校萨保府”一职最值得注意。这是一个由朝廷任命的管理本地粟特人及其宗教事务的官职。能够担任这一官职显然与他来自西域又有异族的宗教信仰有关。

石椁上的诸多图案都带有袄教文化因素。石椁底座上的祭祀火神的图案体现了袄教的火崇拜；人狮相斗是袄教善恶论的反映；人物头上的光芒象征袄教灵光对人们的庇护；头戴日月冠是袄教主神阿胡拉·马兹达的象征，画面的装饰也具有典型的萨珊艺术风格，可以说虞弘墓具有丰富的波斯袄教文化内涵，反映了西域或中亚、西亚袄教信奉者的民族风情和精神世界。石椁的歇山顶、三开间造型

虞弘墓石椁之《宴饮歌舞图》

又呈现了中国建筑风格，让人们感受到中国文化元素与中亚宗教气息。中央美术学院研究汉唐墓葬艺术的郑岩教授认为，这件房屋形的石椁在形制上借鉴了汉地早期地上墓祠的建筑形式。汉文化与祆教文化在石椁上的融合，与虞弘墓志的记载内容相吻合，印证了虞弘具有在不同地域生活的社会经历和文化背景。

这件浮雕彩绘石椁保存完整，内容丰富，不仅是世界顶级艺术珍品，也是反映汉唐时期中外文化交流的器物和图像资料，是学术界研究丝绸之路和东西文化交流的重要素材。

丝绸阅古今

2000多年前，张骞“凿空”西域，打开了一条充满梦想和传奇的神秘之路，丝绸、瓷器等物品沿着这条道路一路向西，成为西方人认识东方文明的主要途径，西方文明也翻过山岭，穿过沙漠，到达古老的东方。丝绸之路沟通了不同民族、不同文化的相互交流和合作，成为东西方文化交流的卓越贡献之路。

袄教如同当时的摩尼教、景教一样在这个黄金时期沿着丝绸之路来到中国，有着不同宗教信仰的大量胡人在中国定居，中央政府设置萨保管理胡人事务。那时，从河西走廊到长安洛阳都可以看到袄教信徒的圣地——火袄祠。虞弘死后能享受如此规格的墓葬，与他的政治身份和宗教身份是分不开的。我们无法知道石椁图案是技艺高超的汉族工匠按照既定的样稿雕刻而成，还是信奉袄教的工匠按照宗教传统雕刻的纹样，或是胡汉工匠共同完成的杰作，但无论艺术成就还是研究价值都弥补了史书记载的缺漏，为现代人们了解当时社会生活提供了重要的资料。

今天，丝路沿线国家间的交流与合作更加重要，丝路上的文化交流也将绵延不断，直至未来。这必将在人类文明发展史上书写下浓重的一笔。

065 汉藏一家亲的历史画卷

阎立本《步辇图》

年　代：唐，公元 618—907 年
尺　寸：纵 38.5 厘米，横 129.6 厘米
材　质：绢本
收藏地：北京故宫博物院

【引言】唐代是中国封建社会政治、经济、文化发展的顶峰时代之一，从贞观之治到开元盛世，国家富强，人民安居乐业，在民族团结方面也达到了前所未有的新高度。阎立本的传世名画《步辇图》就是汉藏友好往来的记录与见证。

画里画外《步辇图》

2018年2月27日，首都博物馆的“天路文华——西藏历史文化展”开展，引得博物馆门外排起了长长的队伍，大家最为关注的要数频频出现在美术、历史课本上的《步辇图》了。

展开《步辇图》，可以看到一幅觐见的场面：左侧三人恭恭敬敬地站立着，右面是数位宫娥簇拥下的帝王。画面表现的是仰慕大唐文化的吐蕃赞普松赞干布派使者禄东赞到长安通聘，朝见唐太宗的情景。画面左侧站立恭敬而拘谨的三人，最右侧者身穿大红袍，是这次仪式的引见官员，旁边身穿白袍者应为一名内官，中间拱手而立的，就是吐蕃派来的求亲使臣禄东赞。画面右侧坐在步辇上的是面目俊朗、神情庄重的唐太宗，旁边娇小的宫女或执扇，或抬辇，或趋行。画面自右向左，由紧密到疏朗，节奏鲜明，重点突出。

松赞干布为什么会请求通婚？禄东赞有何才能堪担此大任？这就要从吐蕃王朝的赞普松赞干布说起。松赞干布是吐蕃王朝第33任赞普，史书载他“为人慷慨才雄”，“骁武绝人”，“通达工艺、历算、武技”，是一位聪明有才干的君主。松赞干布对于大唐有着深厚的仰慕之情，因此他派出使者禄东赞携大量贵重礼物赴长安与唐朝通聘问好，请求通婚。禄东赞为人雅有节制，懂信明理，足智多谋，能言善辩，在许多方面都颇有建树，因此成为使节的最佳人选。不料，天竺、大食、仲格萨尔以及霍尔王等同时也派了使者求婚，他们都希望能迎回唐朝的公主。唐太宗李世民决定，让请婚使们比赛智慧，胜利者才可以迎回公主，这便是历史上的“六试婚使”。禄东赞在众人之中脱颖而出，通过了层层婚试，赢得了头筹。唐太宗将美丽多才的文成公主许婚于松赞干布，禄东赞终于完成了迎亲使命。

松赞干布知道后极为高兴和重视，亲率迎亲队伍由拉萨出发直奔青海。成亲后与文成公主恩爱有加，为了表示对文成公主的爱慕，松赞干布按照唐朝的建筑风格，在拉萨为公主修建了城郭和宫室。

文成公主入藏时，带去了大批丝织品和典籍，还有许多树木、果蔬的种子，和大批的中原地区的能工巧匠，将中原地区的先进文化和生产技术带进了青藏高原，促进了藏族文化的发展。吐蕃也派送了大批的贵族子弟到长安学习诗书，长安的妇女间也一度风行吐蕃人将脸涂红的风俗，称为“吐蕃妆”。

这些历史事件的发生并不是偶然的，是与唐代繁荣昌盛的时代大背景分不开的。唐代初年，唐太宗吸取隋朝灭亡的经验与教训，励精图治，虚心纳谏，在政治、经济、文化、民族交流等方面采取了积极政策，使得国家实力不断增强，达到空前繁荣的程度，史称“贞观之治”。周边的少数民族纷纷来华，想与唐朝通好。《旧唐书·太宗本纪》记载：“高

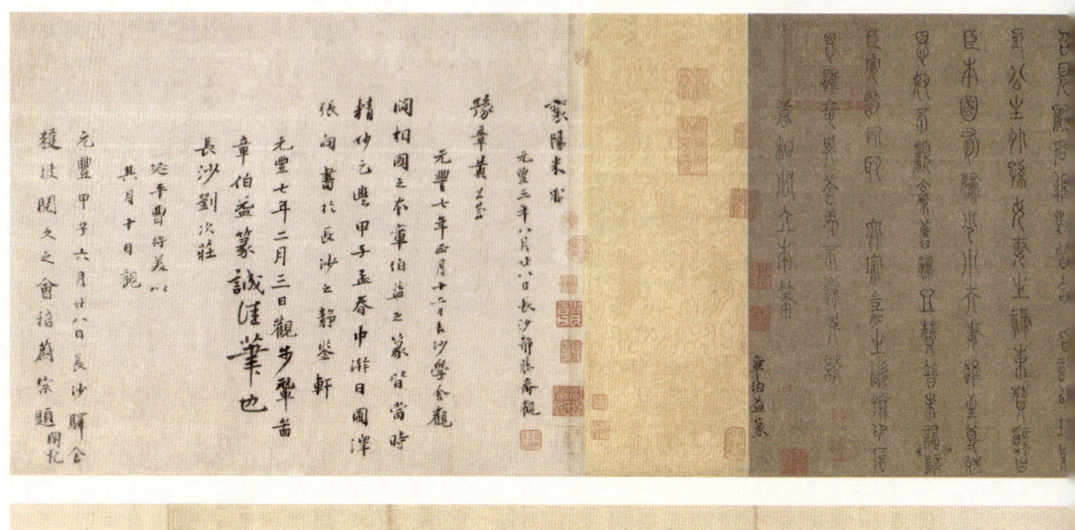

丽、新罗、西突厥、吐火罗、康国、安国、波斯、竦勒、于阗、焉耆、高昌、林邑、昆明及荒服蛮酋，相次遣使朝贡。”大唐对周边的影响可窥一斑。正是处于这样的背景之下，阎立本运用高超的绘画技艺绘制了《步辇图》，记录了汉藏友好往来的新局面。

汉藏一家亲

中国自秦汉以来就奉行天下大一统的主流价值观，这是一个王朝长治久安、繁荣昌盛的重要体现，不论是统治者还是人民都有这般强烈的诉求。

在唐初，边境的安定无疑对于王朝的发展大有裨益，采取和亲的方式当然比战争有更好更持久的积极影响。赞普松赞干布在平定叛乱后，开创了历史上统一的吐蕃王朝，也要为以后的长期发展做长远打算。面对如此强大昌盛的唐王朝，目光长远、颇具政治头脑的松赞干布希望通过和亲加强与中原王朝的联系，在姻亲的基础上友好往来，互通有无，以便于更好地学习中原王朝先进的文化。在大唐的兼容并包、文化开放的政治政策背景之下，汉藏和亲得以应运而生。这种民族团结友好相处的融合思想是促成汉藏联姻的重要原因。

出嫁的文成公主热爱富饶美丽的西藏，不仅带去了先进的工匠和技术，还她多次上书唐朝皇帝，请求支援和帮助吐蕃，唐朝皇帝也满足了她的请求。公主的积极行动促使松赞干布更加努力地发展与唐朝的关系。为了表示对唐太宗的尊敬和对汉藏两族关系的珍视，松赞干布曾冶铸一只高7尺、能盛酒3斛的“大金鹅”，遣使送往长安，奉献给太宗皇帝。高宗皇帝也把松赞干布的石像刻列于昭陵之中，以表示对他的恩宠。

按照当时的规矩，和亲的公主在夫君去世后可以请求回娘家。但是，松赞干布去世后，文成公主却没有要求回长安，她继续在吐蕃生活了整整30年。公主的高尚品德，博得了藏族人民的无比爱戴和尊敬，被藏族人民亲切地称为“阿姐甲莎”，意即汉族阿姐。在藏族人民心中，文成公主是两族兄弟情谊的化身。

松赞干布和文成公主对加强汉藏两族的联系，发展藏族的经济文化做出了重要的贡献，西藏拉萨布达拉宫内至今还保存着他俩的塑像。

继文成公主之后，金城公主与赤德祖赞通婚修好，汉藏两族的关系，在密切的经济文化交流中得到不断的加深和发展。两位公主并没有因作为和亲公主远离亲人、远嫁异域而忧伤和怨愤，相反她们担负起朝廷赋予的安邦重任，致力于汉藏文化交流，兴佛教，创文字，建宫室，制法律，提升了吐蕃地区的文明程度，在7世纪中叶的中国发挥了重大的历史作用。

文成公主与金城公主给吐蕃人民带去了文明的曙光，带去了当时中国乃至世界上最为先进的文明，打破了吐蕃地区的原始与闭塞，架起了吐蕃人民与中原文明沟通的桥梁，引领了吐蕃政治、经济、文化的发展，为吐蕃社会的发展开辟了前进的道路。

066

唐代丝绸之路上的胡人胡乐

骑驼乐舞三彩俑

年　代：唐，公元 618—907 年

尺　寸：骆驼头高 58.4 厘米，首尾长 43.4 厘米，舞俑高 25.1 厘米

材　质：釉陶

出土地：1957 年陕西省西安市鲜于庭诲墓出土

收藏地：中国国家博物馆

【引言】唐三彩是一种低温釉陶器，釉彩有黄、绿、白、褐、蓝、黑等色彩，但以黄、绿、白三色为主，所以人们习惯称之为“唐三彩”。唐三彩主要作为陪葬明器之用，造型以动物、家禽、人俑居多。其中的三彩骆驼往往背载丝绸或高鼻深目、赤髯碧眼的胡人，这些栩栩如生的艺术品，很容易联想起当年中亚胡商带领驼队行走于丝绸之路上的景象。出土于陕西省西安市鲜于庭诲墓的骑驼乐舞三彩俑则可谓唐三彩中的精品。

揭开唐三彩的面纱

史籍中关于唐三彩的记载甚少，洛阳邙山唐墓三彩俑出土之前，人们几乎不知道唐三彩的存在。近代以来，洛阳、西安等地唐三彩大量出土，无论是人物俑还是动物俑都富有强烈的生活气息。它们生动逼真，色泽艳丽，线条自然流畅，风格古朴典雅，引起日本和欧美各国人士之注目，而以高价购藏。唐代无数不知名陶艺家以其智慧的结晶征服了世界。

洛阳、西安、扬州等地是出土唐三彩的主要地区，唐三彩在唐代的这些地区兴起有它的历史原因。陶瓷业发展到唐代已经达到成熟，唐代以前，人们多使

用单色釉，唐人审美的变化，使工匠对釉色的运用更加在意，对于釉料的认识和使用水平也大大提高。他们用铜、铁、钴、锰等矿物作为着色剂，以石英和铅粉做助熔剂，经过800摄氏度～900摄氏度的高温，便还原成各种颜色。为了达到某种特殊的效果，工匠们又对各种金属矿物比例进行调配，成功烧制出了褐红、橙黄、淡青、翠绿、深绿、天蓝、褐色、茄紫等色彩。在高温烧制时，釉色流淌形成了独特的流窜工艺。匠人们的不断探索给予唐三彩数种不同的色泽，唐三彩中的钴蓝是中国最早运用钴土矿作陶瓷彩料的例证。

决定唐三彩造型的是陶坯的制作工艺。陶坯基本成型方法包括轮制、模制、雕塑三种。轮制类似现在做陶艺使用的转盘，由工匠人力带动，将泥坯拉成各种形状。模制是将泥料放入已经做好的模子中挤压来制器，做好的器物与模子的形状基本相似，按照这种方法能够快速做出多件同样的器物。对于造型复杂、形体较大的器物，多采用雕塑的方式。一件器物上，往往是上述几种方法结合使用，才能达到良好的效果。因此，唐三彩工艺融合了制瓷技术、雕塑技术和建筑艺术。

唐三彩原料随处可见，就地取材，即可烧造，造价也不是十分昂贵，富裕些的家庭便能够消费得起。另外唐三彩明丽的颜色、多变的造型相对于其他明器来说更易于为世俗生活中的人们所接受。于是，唐三彩就在唐代发展起来，进而大放异彩。

唐三彩中的盛唐文化

唐三彩不仅仅是一种器物符号，它的工艺特点、造型艺术、所表现的内容反映了唐代风貌，是唐代特有的一种文化现象。它的出现丰富了唐代的艺术形式，在中国艺术发展史上留下了惊人且辉煌的一笔。

唐三彩中的陶俑内容丰富，题材广泛。从乐工、侍女到兵士、官吏，再到胡人俑，人物造型多种多样，反映了不同的社会阶层真实面貌。仕女俑体型丰腴，艳妆高髻，伎乐俑或歌或舞，骑马女俑英姿飒爽。这些女俑有的身着襦裙，袒胸露乳，有的甚至身着男装，扮作男儿相，反映了唐代人们对女性的审美要求和开放的社会风气。还有那高鼻深目的胡人俑，或头戴尖顶帽、身穿开领衣，或手拿胡瓶、身背包袱，一副匆匆而来的行商模样。

唐三彩马体型健硕，构造复杂，眼睛、耳朵、筋骨、肌肉等部位雕琢精细，展现出马的内在精神和神韵。腾空奔马俑扬蹄飞奔，快如闪电，动感十足；提腿马俑，三蹄落地，右前蹄抬起，似乎在悠闲地休息；立马俑四蹄着地，立于长方形底板之上，或伸颈低头，或回首张望，似乎在呼唤主人的到来。

唐三彩镇墓兽头生双角，龇牙咧嘴，面目狰狞，凶恶无比；或为胡人面相，圆目怒瞪，张口露齿，扇形大耳，头顶生尖形高角一只，附小支角，身有双翼，作蹲踞状，背部塑状锯齿形脊饰，表情威猛，极具震慑力，反映了当时外来文化之影响，同时也反映了人们驱除邪恶、祈求安宁的思想。

唐三彩骆驼负重而行，双峰间搭挂驮囊，驼囊满载货物，高高鼓起。一些骆驼还悬挂毡帐、鸡冠壶等胡商日用品，胡人高鼻深目、赤髯碧眼，牵驼而行，再现了旅人商贾在迢迢丝路旅途中披星戴月、风餐露宿的艰辛生活场景。悠悠的驼铃昭示着丝路的繁荣生机，绵延的驼蹄印迹，印证着丝绸之路的延续与艰辛。三彩骆驼成为丝绸之路经济文化交流繁荣的象征性符号。

骆驼载乐百戏盛

众多唐三彩中，最引人注目的是那些造型奇特的三彩骆驼俑，这些充满异域风情的陶俑，被公认为当今众多表现唐代丝绸之路文化交流的文物中最具特色的珍品。其中最值得一提的是出土于陕西省西安市鲜于庭诲墓、现藏于国家博物馆的骑驼乐舞三彩俑。

这件骑驼乐舞三彩俑造型优美，设计巧妙，釉色鲜明，代表了唐三彩的最高水平。骆驼昂首挺立，背上驮载5个汉、胡成年男子。中间一个胡人身着绿袍，右臂曲于胸前，左手甩袖于腰间，正在跳舞，其余4人围坐演奏，神情专注、姿态各异，他们手中的乐器仅残留下一把琵琶。据夏鼐先生研究，应该是一人拨奏琵琶，1人吹筚篥，2人击鼓，这些乐器均属胡乐。陶俑巧妙地夸张了人与驼的比例，5个成年人在骆驼背上悠闲地奏乐起舞，牵引着人们的思绪穿越时空，飞向1000多年前的唐都长安，感悟繁华之所在。

骑驼乐舞三彩俑局部

驼背空间较小，五位艺人在驼背完全没有围栏的平台上歌舞，若无高超的平衡技巧实难想象。他们应当是专门从事表演的艺人。陶俑表现的应该是长安百戏中的一个杂技节目。当时，长安城的娱乐活动较为丰富，东市和西市都有专门的百戏班子，可以自主演出，人们也可花钱雇其演出，表演的百戏有盘杯伎、吞剑伎、猕猴缘竿伎、透飞梯伎等。据说，唐玄宗曾和杨贵妃闹矛盾，一气之下将贵妃遣送出宫外，后因思念又将她接了回来，并专门招来两市百戏做专场表演哄杨贵妃开心。也许骑驼乐舞三彩俑表演的节目就是其中之一吧。

骆驼载乐是百戏中的一个节目，集乐舞、杂技和马戏于一体。骆驼经过训练能够很好地配合演员歌舞，身手敏捷的艺人做着各种高难度动作，以自己高超的技艺给观众带来刺激、惊险的感受。参与表演的艺人不仅有汉人，还有大量的胡人，这与唐代开放包容的民族政策是分不开的。长安城内，散居着许多中亚商人、乐师、歌舞者，他们与汉族人一样自由生活，可以有自己的信仰，有才能的人可以入朝做官，安国出生而长居长安的安叱奴就曾做唐高祖的散骑常侍。唐朝统治者还设立专门管理胡人事务的机构——萨保府，为胡人在长安的生活提供多种保障。

丝绸之路是中国通过西域沙漠前往西亚、地中海和欧洲的商道，要想穿过茫茫戈壁，作为“沙漠之舟”的骆驼是旅人和商队的最佳代步工具和驮载货物的工具。当年行走在这条连接东西方商贸文化之路上的各国使臣、胡商贩夫、宗教信徒……他们骑着骆驼，怀着执着信念，经历艰辛跋涉，使得一条开通于公元前100多年，意在加强政治交往的陆上通道被演化成一条连接东西方、涉及欧亚非几十个国家和地区的政治、商贸和文化通途，并绵延千年之久。这些出土的大量文物默默诉说着这条道路的历史和发生在这条道路上的故事，给世人以无尽的遐想和思索。丝路行人凭着无比坚强的意志、勇气与艰苦自然环境博弈，通过丝绸之路促进东西方文化的交流融合与共同发展，带给我们深刻的启示。

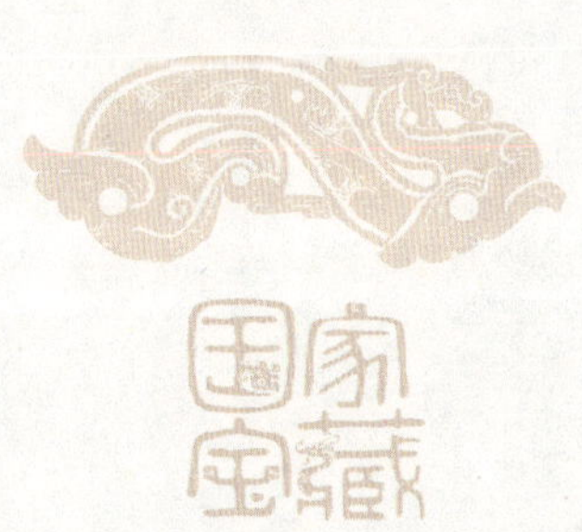

067 精妙的科学设计

葡萄花鸟纹银香囊

年　代：唐，公元 618—907 年

尺　寸：外径 4.6 厘米，金香盂直径 2.8 厘米，链长 7.5 厘米

材　质：银

出土地：1970 年陕西省西安市南郊何家村唐代窖藏出土

收藏地：陕西历史博物馆

【引言】一提到香囊，人们不由会想到《红楼梦》中黛玉“赌气铰香囊”的情节。《红楼梦》中的香囊是用彩色丝线在彩绸上绣制出各种图案纹饰，然后经过缝制而成的形状各异、大小不等的绣囊，内装多种浓烈芳香气味的中草药研制的细末，因此又名香袋、花囊，也叫荷包。古代的香囊大多是布锦制作的，但也有其他材质的，比如金银，其中最具代表性的是陕西西安何家村窑藏出土的葡萄花鸟纹银香囊。

浪漫的旧时猜想

1970年在今西安何家村的基建工地上，施工人员从土里挖出了两个大陶瓮和一个银罐，里面装满了金银器、钱币、药材等珍贵而精美的文物，这个精致的葡萄花鸟纹银香囊便在其中。人们看见这件圆乎乎的香薰用饰品，并不知其来历，便给它取了个名字——熏球。它的真实名字因另一个重大的考古发现而确定。17年后，在陕西扶风法门寺也出土了两个香囊，在记载地宫器物名称物账碑中提到“香囊两枚，重十五两三分”，考古学家才给它正名为“香囊”。

历史文献里面记载过很多关于香囊的内容，比如说白居易的诗句“暖手小

香囊”，说明香囊是可以用来捂手。汉代古诗《孔雀东南飞》中也提到“红罗复斗帐，四角垂香囊”，说明香囊可以用来装饰。还有书籍记载了香囊的使用方法为“妃和贵人之所用也”，说明香囊的使用人群社会地位较高。而在安史之乱中，唐玄宗在马嵬坡被迫赐死杨贵妃，并葬于当地，悲痛欲绝，念念不忘。《旧唐书》卷五一中记载：“上皇自蜀还……密令中使改葬于他所，初瘗时以紫褥裹之，肌肤已坏，而香囊仍在。”当初埋葬时用于裹尸的丝织品以及尸体都已腐烂，唯有香囊尚存。这一记载也说明杨贵妃身上佩带的香囊可能是金属制作。

精巧的匠人工艺

该香囊外壁直径46毫米，壁厚0.5毫米，外层银机制环通体为纯银材质制作，镂空呈圆球形，并以葡萄花鸟纹样做装饰。内层金香盂素面，直径29毫米，壁厚1毫米，链长75毫米，重36克。香囊由挂钩、挂链、上下半球构成的球盖与球身、内置焚香盂及内外持平环组成。等大的球盖和球身之间用环扣相互扣合，可开启。球身内部又设有内外两个等大同心环和一个半球形焚香盂，通过银质铆钉与外壁铆接。当半球合拢后，由于内外持平环和焚香盂自身重量的作用，香盂重心向下，使外部球体无论怎样转动，焚香盂都能始终保持水平状态，不至于焚香撒落于外。这是古人利用机械原理所制作，精巧的设计体现了唐代工匠高超的技艺和聪明才智，令后人叹绝。

唐代葡萄花鸟纹银香囊直径不足5厘米，镂空装饰动植物纹样工艺可谓精美。金银自古以来就是贵金属，是财富的象征，香料本身亦属于奢侈品，这件小小的器物尽显奢华之色。香囊以球体形状为主，圆润的弧线结合银质的柔和色泽，给人以温和、舒适的感觉。香囊上镂空装饰着枝叶繁茂的葡萄，蕴含丰产的期盼和愿望，花鸟飞翔在葡萄间，动感十足。仔细观察会发现，花纹分布延续了中国传统的对称布局，结合球体的圆润、光滑，更加体现了对称的形式美。这种带有链条的镂空银香球和奇特的设计，使其使用方便。点燃香囊内的香料，芳香很快从镂空处溢出，沁人心脾；寒冬的时候借助香囊的温度捂手取暖；挂在床帐四角既可以起到装饰作用，还可使床帐伸展平整；也有就寝前用香囊熏烤被褥的记载，真可谓锦衣香裘。当然这种讲究必定是社会上层人物的奢华生活一角。

葡萄花鸟纹银香囊内部构造

金银材质较软、延展性强、易于加工，极好的韧性更好地展现了香囊特定的加工工艺和表现手法，匠人在这件小小的器物上熟练使用锤揲、錾刻、镂空、鎏金等方式，最大限度地展示金银器物之美。取一块合适大小的银块，反复锤击敲打，直至成为厚度适中的银片，通过模具把预先设计好的图形敲击锤揲出凹凸起伏的形状，操作者再一手拿契子，一手拿锤子，用锤子在金银素坯上以娴熟的錾刻工艺边走边打，勾勒出基本纹样，接着按照图案设计，刻挖掉不需要的部分，完成镂空处理，最后经过鎏金工艺，银的白、金的黄就在不经意间熠熠生辉。真可谓匠心独运，巧夺天工。

葡萄花鸟纹银香囊奇巧的功能性设计表现在匠人对平衡原理的充分理解和运用上。持平装置完全符合陀螺仪原理，不论香囊处在何种状态，总是外部球体在转动，机环使中间的焚香盂跟着转动，而由于重力作用香盂是一直保持平衡的，这样里面的香料就不会散落出来，充分满足了在各种环境条件下的使用需求。欧美国家直至近代才发现这个原理并广泛应用于航空、航海领域，而中国最晚在1200年前的唐代就已掌握了此项原理并熟练应用，古代劳动人民的智慧可窥一斑。

葡萄原产于西方，汉代由西域传入中国，随之而来的还有西方的金属制作工艺。因此，香囊的纹饰、加工工艺，都反映了丝绸之路带来的文化传播和交流。据北京大学考古学专业齐东方教授考证，包括这件香囊在内的何家村遗宝主人可能为唐代官位显赫的尚书租庸使刘震，因唐德宗建中四年（783）爆发泾原兵变，刘震仓皇出逃，埋藏了这些宝物。

通过一个器物，我们可以和一个时代联系在一起，和一个人群联系在一起，和一个社会联系在一起。葡萄花纹银香囊就使我们与大唐、与唐代社会上层贵族的生活和丝绸之路联系在一起。

068 国家宝藏

大唐王朝兴衰的见证

鎏金舞马衔杯纹银壶

年　代：唐，公元 618—907 年

尺　寸：通高 14.4 厘米，口径 2.2 厘米，底径 8.9 ~ 9.2 厘米

材　质：银鎏金

出土地：1970 年陕西省西安市南郊何家村唐代窑藏出土

收藏地：陕西历史博物馆

【引言】一千多年前的大唐王朝似乎离我们非常遥远，我们无法想象大唐帝王君临天下时的豪情，也无法想象“更有衔杯终宴曲，垂头掉尾醉如泥”的宫廷娱乐如何奢华。当一千多年后，一件叫鎏金舞马衔杯纹银壶的珍宝以一种近乎炫耀的方式出现在世人眼前时，唐代宫廷生活的奢华仿佛就在昨天。

银壶重现

1970年10月5日，在今陕西省西安市南郊何家村的一个基建工地上，施工的工人发现了一个大型陶瓮，打开瓮盖，金光闪闪，里面装满了各种珍贵文物。随着考古工作者的清理和勘探，另一个陶瓮被发现。这两个陶瓮里装满了金银器、玉器、钱币和药材等器物，多达千余件，琳琅满目。唐代舞马衔杯纹银壶就是这次窖藏出土中发现的珍贵文物，现藏于陕西历史博物馆。

银壶扁圆形状，形似游牧民族日常使用的皮囊壶和马镫壶，用银片锤打、焊接而成。壶口略呈圆柱状，位于壶身顶端的一侧；壶盖为覆莲样式，以一条银链与提梁连接；壶腹扁圆，略鼓，两侧面锤揲凸出鎏金舞马纹样，骏马体态康健，口衔银杯，奋首鼓尾，跃然起舞；壶下端焊微向外撇的圈足。鎏金的舞马、

壶盖、提梁与壶身的白银交相辉映，色调格外富丽。整件作品不到15厘米高，却造型饱满，富有张力，线条圆润自然，比例恰当，具有极好的形式感和空间感。

根据壶身留下的加工痕迹看，工匠先用银片锤打出壶的大致形状，再以模压的方法在壶腹两面模出两匹相互对应的舞马形象，然后再将两端焊接，反复打磨致平，所以不仔细观察或借助仪器，几乎看不出焊接的痕迹。工匠们精湛的锤揲技法，在银壶骏马的细节上发挥到了极致，口鼻眼的轮廓、躯干的肌肉线条、飞扬的马尾及鬃毛、飘扬的彩带历历可见，定格了舞马表演的瞬间，使舞马献寿时“屈膝衔杯赴节，倾心献寿无疆”的场面跃然眼前。

舞马，顾名思义就是能够按照节拍起舞的马。不过，低级官员和一般百姓可能是无缘观看舞马表演的，因为舞马表演主要在宫廷。关于舞马的记载最早可以追溯到三国时期，曹植《献文帝马表》云：“臣于先武皇帝（曹操）世，得大宛紫骍一匹，形法应图，善持头尾，教令习拜，今辄已能，又能行与鼓节相应。”可见，舞马的马匹是要经过严格训练的。有关唐代舞马的描述则更为详细，有时甚至是上百匹舞马同时表演，动作整齐划一，场面十分壮观热烈。虽然关于舞马的记载很多，但毕竟年代久远，人们无法一窥舞马表演的盛景，只能根据诗文描写加以想象。唐代舞马衔杯纹银壶的出土为所有文字材料提供了实物印证。

丝路马鸣

西域自古以产名马著称于世，西域人民很早就开始将马匹与西域乐舞相结合，驯化出舞马供人取乐，形成了古老而著名的舞马艺术。

当年汉高祖被匈奴人围困于白登，靠贿赂匈奴阏氏才得以解围，意识到马匹在行军打仗中的重要性。随着张骞“凿空”西域，中原与西域的往来日益频繁，西域良马逐渐进入中原地区，奔行急速、筋骨强健的“天

马”对于汉唐时期军事力量的强大功不可没。

唐代舞马的盛行与唐代社会对马的喜好分不开。除了军用，很多马匹还用来娱乐，打马球就是一项极受欢迎的活动。唐人尤其喜欢“胡马”，根据产地可知有“突厥马”“康国马”“大宛马”等，品种达80多种，不同的马匹习性、特征、用途各不相同。当时在西域各国非常流行的舞马活动也随之传入中原，格外受到上层统治者的青睐。西域的舞马分为两种，即马单独舞和人骑在马上让马舞蹈，这些训练过的马匹能够根据节拍表演有节奏的舞蹈动作。唐玄宗对舞马甚是喜爱，曾下令教习四百只舞马，这些马被分为左右两部，每匹还取有“某家骄”“某家宠”的名字，并“衣以文绣，络以金银，饰其鬃鬣，间杂珠玉”。玄宗还经常亲临训练场观看、指导。开元、天宝时期，每逢“中元节”“千秋节”等重要节日，都要在兴庆宫的勤政楼前举行盛大宴会，接受文武百官及外国使臣、少数民族首领的朝贺，并进行大型的舞马表演。王建《楼前》诗云：“天宝年间勤政楼，每年三日作千秋。飞龙老马曾教舞，闻著音声总举头。”

随着舞马活动的风靡，一种以模拟马神态、动作的民间舞蹈——马舞也开始盛行。1960年吐鲁番阿斯塔纳336号墓出土的彩绘马舞泥俑，三人一组，两人装扮成一匹马，披上马形的衣服，一个人顶着马头，双足作为马的前肢，另一个人扮成马的后部，双足作为马的后肢，骑马者戴黑幞头，穿绿短衣，双手或作舞状或一手牵缰一手挥鞭，形象地表现了骑士勇猛刚毅的性格和意在征服奔驰翻腾的骏马。

舞马与马舞传入中原后，与中原艺术相结合形成精彩绝伦的马舞艺术，不仅是一项共享的娱乐，更代表一种文化的交融，悠悠丝路，马声长鸣。

狂欢后的落幕

唐代在太宗至玄宗前期，经济繁荣、国富民强，威名远扬，万国来朝，胡马品种的引入使皇家有条件大规模驯养舞马。

玄宗生日时，舞马表演是必不可少的节目。《倾杯乐》的音乐响起时，身披锦带、颈系黄铃的舞马随着节拍出场，群马翩翩起舞，或奔腾，或旋转，或双蹄腾空，或引颈长嘶，随着音乐节奏的高涨，马群数十回奋首鼓尾，纵横应节。有时候表演的马会跃上三层高的板床，如飞似的旋转，跳起胡旋舞；有时候数位壮士共举一榻，马即舞于榻上，周围还有着黄衫、文玉带、长相俊美的乐工数人，曲终前，舞马“屈膝衔杯赴节，倾心献寿无疆”，把祝寿活动推向高潮。

物极必反是亘古不变的规律。表面看大唐四海升平、一片祥和，内部却潜伏着深刻的社会危机。还沉浸在大唐盛世美梦中的玄宗皇帝，在天宝十四载（755）惊闻平卢、范阳、河东三镇节度使安禄山举兵反唐，一时间惶恐无措，待安史叛军一路势如破竹，轻而易举地攻陷长安，骄奢淫乐的李隆基带着自己的宠妃杨玉环仓皇而逃，大唐江山陷入战祸之中，盛极一时的舞马表演成为历史长河中的一朵浪花。安禄山兵败后，这些舞马归其大将田承嗣所有，但在他眼中这些马就是一般的战马。一天，军中宴乐，鼓乐声起，舞马应声而舞，军士鞭之，长鞭之下舞马更是奋首鼓尾，田承嗣以为是马怪，下令鞭挞至死。从此，舞马祝寿这一独特的宫廷娱乐形式便从中国历史舞台上销声匿迹了。大唐的盛世犹如舞马的消逝一去不复返。

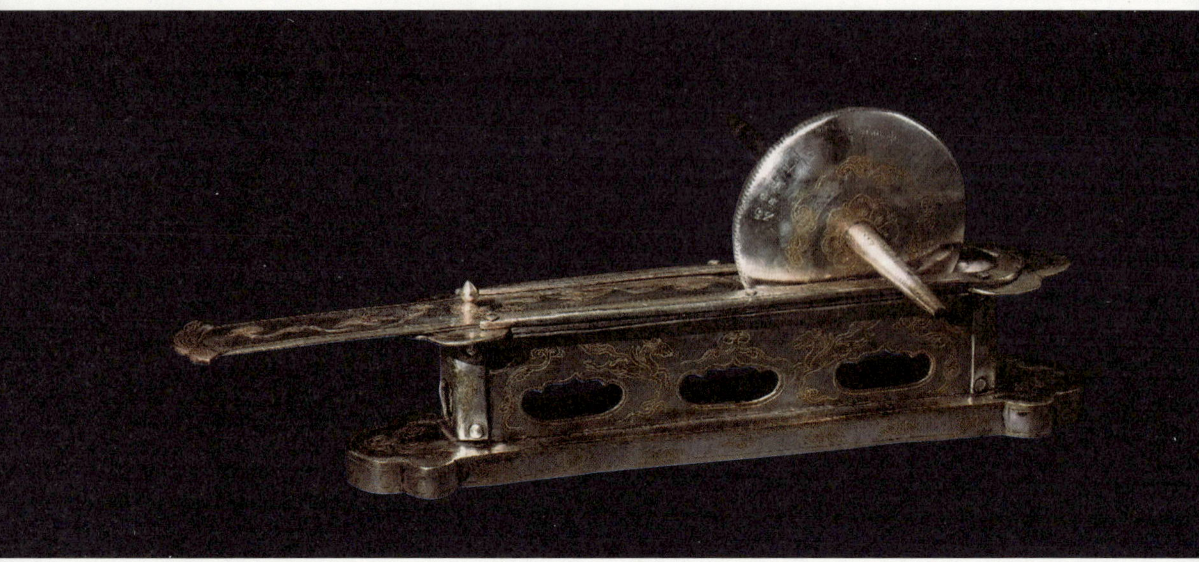

069 唐代兴起的茶文化

法门寺地宫金银茶具

年　代：唐，公元 618—907 年

尺　寸：鎏金壶门座茶碾子通高 7.1 厘米，长 27.4 厘米，槽深 3.4 厘米，辖板长 20.7 厘米，宽 3.0 厘米；鎏金龟形银盒长 27.6 厘米，宽 14.7 厘米，通高 13.5 厘米；鎏金仙人驾鹤纹壶门座茶罗子高 9.5 厘米，罗长 13.4 厘米，宽 8.4 厘米；屉长 12.7 厘米，屉宽 7.5 厘米，高 2 厘米

材　质：金银

出土地：1987 年陕西省扶风县法门寺塔地宫出土

收藏地：法门寺博物馆

【引言】中国是茶的故乡，是茶文化的发祥地。古代先民种茶、制茶、品茶、斗茶，还发明了一系列精美的茶具与之相配合，从一片树叶，到一杯香茗，从一盏茶碗到一套茶具，凝聚了无数人的才智。法门寺出土的那套唐代宫廷

茶具是目前世界上现存的最为讲究、最为精美的茶具。

大唐茶具

茶具，古代亦称茶器。“茶具”一词最早见于汉代辞赋家王褒《僮约》中的“烹茶尽具”。唐代白居易有“此处置床绳，旁边洗茶器”之句，皮日休有“萧疏桂影移茶具”之语。茶文化在唐代发展到顶峰，集茶文化精髓的《茶经》就诞生于大唐茶圣陆羽之手。陆羽将茶具定为二十四事，即二十四种，并对各种茶具的制作和用途做了详细的说明，唐人吃茶的讲究可见一斑。一般百姓尚且如此，皇室贵胄吃茶自然更加奢华。

法门寺地宫出土了一套唐代宫廷茶具，这是世界上唯一一套唐代茶具精品，系唐僖宗李儇御用珍品。《物账碑》中记载着这套茶器的“身世”：懿宗供奉“火筋一对”，僖宗供奉“笼子一枚，重十六两半。龟一枚，重二十两。盐台一付，重十二两。结条笼子一枚，重八两三分。茶槽子、碾子、茶罗、匙子一付，七事共重八十两”。这批茶具，展示了从烘焙、研磨、过筛、贮藏到烹煮、饮用等制茶工序及饮茶的全过程，且配套完整，自成体系，为目前世界上发现时代最早、等级最高的金银茶具，它们不仅是一件件完美到极致的艺术精品，更反映了唐代茶文化所达到的最高境界，是唐代宫廷茶道、唐代宫廷饮茶风尚的历史见证。

从功能上分，这套茶具可以分为烘焙器、碾罗器、贮茶器、贮盐椒器、烹煮器等5种。金银丝结条笼子、鸿雁球路纹银笼子是烘焙器。这两件器物一件扁圆柱状形、一件圆柱状，均由极细金银丝编制而成，由梁、盖、器身、足等部分组成。唐人会把做好的茶饼放进笼子里进行烘烤，然后储存使用。鎏金壸门座茶碾子、鎏金仙人驾鹤纹壸门座茶罗子是碾罗器。茶碾子形如如今中药铺的药碾子，由碾槽、碾轮组成，更为巧妙的是为了保持卫生、防止茶渣飞溅，碾槽上还有可以抽出推进的辖板。茶

罗子形似长方形盒子，上面盖子可以打开，有两层屉，上层有网，可以过滤，下层的屉，可以收纳。鎏金龟形银盒，便是贮茶之器，龟背为盖，龟身为盒，使用时可以打开龟背取出茶沫，也可以从龟口倒出茶沫。鎏金人物画银坛子、莲蕾纽摩羯纹三足架银盐台、鎏金团花纹葵口圈足小银碟用来贮存盐椒，因唐人饮茶要放入盐粒和花椒之类的调味品。莲蕾纽摩羯纹三足架银盐台设计尤为巧妙，它由盖、台盘、三足架组成，盖上有莲蕾捉手，莲蕾中空，上下两半可以开合，捉手下端是一片翻卷的荷叶，作为台盘的盖子，台盘为绽放的莲花，三足也有莲花装饰，造型十分别致。烹煮器为鎏金鸿雁纹银则、鎏金卷草纹长柄银则，则面呈卵圆形，微凹，匙柄扁长錾花鎏金，柄背光素。另有系链银头箸。依陆羽《茶经》所记："则者，量也，准也，度也"。有学者认为银则是煮茶放盐时的量具，有学者认为是点茶时用来击拂的茶具，也有学者认为是投茶时所用的量具。

大唐茶韵

唐人饮茶与现在十分不同，一般分五步。先是烘焙茶饼，使之有香气，再用纸包裹，陆羽《茶经》载"剡藤纸双层缝制"为最佳。待茶叶冷却后捣碎，放入茶碾中碾成粉末，再用罗细细地筛，罗下的茶末放入贮茶器中待用。取山泉水放入锅中煮沸，气泡如鱼目为一沸时，要放入盐、胡椒。气泡如连珠为二沸时，舀出一瓢沸水备用，用则量茶末沿一个方向倒入锅内，搅匀，称作击拂。最后一次水沸时，放入先前舀出的沸水。最后就可以分茶，盛入碗中，趁热品饮。这些步骤看似简单，实际操作十分复杂，每一步都需要掌握一定的分寸、火候才能煮出符合唐人需求的好茶。就分茶来说，善于此道者，能在茶盏上用水纹和茶沫形成各种图案，创造独特的艺术美。

唐人充分认识到了饮茶的作用，认为茶叶可以提神醒脑、荡涤烦恼，可以消除疲劳、消除腥膻，还可以延

鎏金龟形银盒

年益寿。与现代人们对茶叶的认识基本一致。诗僧齐己的《尝茶》诗："味击诗魔乱，香搜睡思轻。"《茶谱》载："泸州之茶辛而性热，饮之疗风；峡川石上紫花芽主治头痛。"李德裕、李白、皎然等诗人均对茶叶的功用有一定的描述。文人墨客或在春季采茶之时三五相约，趁着春光，及时采茶行乐；或是相聚品茗，举办茶会、茶宴，吟诗作画，畅谈理想和抱负；对于非产茶区的友人，还以茶叶寄赠，以表惦念。如齐己《谢中上人寄茶》："地远劳相寄，无来又隔年。"李咸用《谢僧送茶》："殷勤寄我清明前。"茶成为增强社交、沟通联系、增进感情的纽带。

唐代饮茶之风与佛教之间的关系非常密切。唐代佛教以禅宗最盛，禅宗注重"坐禅修行"，主张排除心中杂念，专注虔诚，以达到身心合一、大德圆满的境界，所以要求参禅的僧人"跏趺而坐""过午不食"。上述茶叶的功能在佛门得到充分应用，饮茶可以提神醒脑、促进思考，又能减轻饥饿感，故寺庙崇尚饮茶，种植茶树，制定茶礼，设立茶堂，有的寺院门口还设有施茶僧。佛教寺院的茶称为寺院茶，茶事活动成为佛事活动之一。寺院饮茶之风大盛，也直接影响到社会的各个阶层，全国各地的善男信女在有能力的情况下皆来模仿。法门寺出土茶具就是僖宗皇帝作为供养品而供奉给佛祖释迦牟尼真身舍利的，是献给佛祖的重器，一是表示虔诚礼佛、一心向佛的心愿，二是代表佛教的茶供养。

《茶经》中说：“茶有九难：一是制造，二是识别，三是器具，四是火力，五是水质，六是炙烤，七是捣碎，八是烤煮，九是品饮。”对于一杯好茶来说，这些步骤缺一不可。对于唐代的爱茶之士来说，品尝、斗茶不仅仅是喝茶这么简单，更是一种生活的乐趣，一种饮茶的艺术，一种精神的享受。

中国茶文化与日本茶道

茶叶在古代曾与丝绸、瓷器齐名，很早就是中国对外贸易的传统出口商品。唐代是中国古代经济文化高度发展的鼎盛时期，随着中国与邻国经济文化交流的加强，当时的长安城已成为世界经济文化交流的中心。被誉为“绿色金子”

鎏金仙人驾鹤纹壶门座茶罗子

的中国茶叶在唐代已传播到世界许多国家和地区，饮茶风习向西传至阿拉伯地区，向东传至朝鲜、日本。

中国茶叶传入日本，一般认为始于汉代，但有确切史料记载的，却是唐代。唐玄宗开元十七年（729），时值日本圣武天皇天平元年，圣武天皇曾召集百僧听讲《般若经》并亲自赐茶，随后又派高僧到中国学习佛经。森本司郎（日本）在《茶史漫话》一书中认为茶传入日本有两人非常关键：一是753年东渡日本的鉴真，带去了中国的茶叶；二是最澄法师，他在贞元二十年（804）到中国浙江天台山学法时，到当地寺院采茶区进行学习，并把茶树树苗带到日本种植，被看作日本植茶第一人。另空海和尚也带回茶籽，推动了茶道的发展。宋朝是茶文化东传日本的又一高潮。荣西禅师两次来到中国，遍访各地，居住达24年之久，回国时又携带茶树种子亲自种植，到晚年根据在中国考察的情况及自己在日本种茶经验而写成《吃茶养生记》。其时，日本全国开始推广饮茶，并养成以“和、敬、清、寂”为根本精神的日本茶道。可见，茶对促进中日文化交流起了十分重要的作用。

一片小小的植物叶子，经过数千年的形成和发展，融入了人们的哲学思想，实现过程和精神的相互统一，成为一种融合茶叶品评技法、各种艺术操作手段、品茗美好意境的文化现象。它源远流长，历史悠久，文化底蕴深厚，与宗教结缘，与道法自然融合，沟通中外文化交流，成为优秀传统文化的组成部分和独具特色的一种文化模式。这就是中国茶，中国茶文化。

070 国家宝藏

九秋风露越窑开

八棱秘色瓷净水瓶

年　代：唐，公元 618—907 年
尺　寸：高 21.6 厘米，口径 2.2 厘米
材　质：瓷
出土地：1987 年陕西省扶风县法门寺塔地宫出土
收藏地：法门寺博物馆

【引言】唐代著名诗人陆龟蒙曾在《秘色越器》一诗中写道：“九秋风露越窑开，夺得千峰翠色来。好向中宵盛沆瀣，共嵇中散斗遗杯。”秋天的晨风中，露水沾衣，透过风露可见出窑后的越窑器，如千峰叠嶂，其色似青如黛，与周围的山峰融为一体，似夺得千峰万山之翠色。这首诗里描绘的便是中国古代最为神秘的瓷器——秘色瓷的绝美风采。然而秘色指哪种颜色，秘色瓷的实物是什么样子？一直没有明确的资料记载，直至法门寺地宫的开启，才解决了这个争论不休的话题。

拨开疑云

中国古代名窑之一的越窑出产一种神秘的瓷器，它色泽青绿，晶莹润泽，如冰似玉，人称秘色瓷。关于“秘色”二字的争论一直从宋代持续到明清时期，有人说这是吴越国供奉的瓷器，一般大臣乃至平民百姓不能使用，故称为秘色；也有人说“色”字除了颜色的意思外，还有配方的意思，“秘色”指的是这种瓷器的制作工艺和配方保密。古人关于秘色瓷的描写精美异常，无可比拟。五代人徐夤赞叹曰：“捩翠融青瑞色新，陶成先得贡吾君。巧剜明月染春水，轻旋薄冰

盛绿云。”由于人们一直未曾见到秘色瓷的实物，更增添了这种瓷器的神秘性，这个困扰人们多年的谜直到20世纪80年代的一天才徐徐揭开。

1987年的一天，摇摇欲坠的陕西扶风法门寺宝塔轰然倒塌，一批稀世之宝随着地宫的暴露逐渐出现在世人面前。这些精美绝伦的珍宝数量众多，出土的《物账碑》中记载了这批珍宝的名称。十四件秘色瓷穿过千年历史，重见天日，秘色瓷的千古未解之谜揭开了谜底。

这批瓷器造型简洁大方，造型美观，共有碗7件，盘、碟6件，瓶1件。这件八棱秘色瓷净水瓶是珍贵的佛教用品，瓶颈细长，直口，圆唇，肩部圆隆，腹呈瓣瓜棱形，圈足稍外侈。在瓶颈与瓶身相接处装饰有相应的八角凸棱纹三周，呈阶梯状。通体施明亮青釉，有开片。足底露胎，胎色浅灰而精致细密。器型端庄规整，釉色晶莹，胎质细密，莹润无比。出土时瓶口覆有一颗大宝珠，瓶内装有29颗五色宝珠，属于佛教供养“五贤瓶”“五宝瓶”之类的佛具。这件器物虽然《物账碑》中没有记载，但其釉色、胎质与其他秘色瓷完全相同，确认是秘色瓷无疑。

何为秘色瓷

人们惊奇地发现法门寺中的13件秘色瓷，其釉色并非都是“千峰翠色”，而是有青有黄，这曾让人感到困惑不解。其实，秘色瓷指的是一种稀见的颜色，后来演变成盛赞当时越窑瓷器之精美的专有名词。秘色瓷是青瓷中的极品，技术上难度极高，除了釉料配方，几乎全靠窑炉火候的把握。因为不同的火候、不同的温度，烧造的瓷器釉色可以相去很远。也许人们称之为“秘”和这种特殊的要求有关吧，但“秘色”两个字确实吸引了人们千年之久。

唐代是封建社会发展的顶峰之一，政治稳定，国力强盛，经济繁荣，手工业门类众多、规模庞大。饮茶风气的盛行使人们对于瓷器的要求没有局限在实用价值上，更多地关注其审美价值。越窑青瓷因其釉色便于烘托出茶色的碧绿而受到人们的青睐。为满足皇家奢华生活的需要，9世纪初，朝廷率先在上林湖设置“贡窑”烧制“秘色瓷”。这一时期，作为生活实用器具的瓷器与其他珍宝一样成为皇家御用珍品。法门寺出土的秘色瓷可能就是上林湖贡窑出产的精品，贡献朝廷后，又被赏赐给法门寺。

秘色瓷表面釉面光滑，釉色纯净，只在底部留下细小的支烧痕迹。其实，秘色瓷颜色的纯净与其烧造方式是分不开的。越窑瓷器采用先进的匣钵技术，把瓷器放在陶盒里，瓷器与陶盒接触的地方有细小的支钉，这样，既可减少支烧缺陷，又隔绝了釉面与明火的接触，所产瓷器釉色鲜亮，质量明显提高，是唐代制瓷业的工艺创新。

中国是瓷器的故乡，瓷器是中国古代劳动人民的智慧结晶，为人类社会的进步与发展做出了重大贡献。从8世纪末开始，中国陶瓷开始大量外销，除了“丝国”，中国又以“瓷国”闻名于世。“China”的英文名字即来源于瓷器。瓷器从扬州、明州（今宁波）出发，或经朝鲜，或直达日本；或从广州出发，到东南亚各国，或出马六甲海峡进入印度洋，经斯里兰卡、印度、巴基斯坦到波斯湾沿岸，成为海上丝绸之路贸易的主力军，中国南海周边沉船中发现大量瓷器也证实了中国瓷器贸易的辉煌。

小小的瓷器，推进了人类文明进步，成为促进海上丝绸之路沿线各国繁荣发展的重要纽带，是东西方交流合作的见证，也是世界人民共有的历史文化遗产。

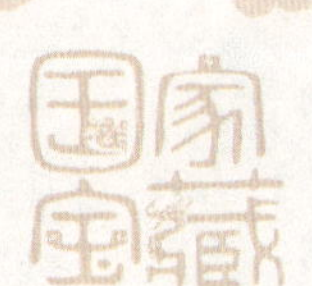

071 别开生面的唐代书法

颜真卿《祭侄文稿》

年　代：唐，公元 618—907 年

尺　寸：横 75.5 厘米，纵 28.3 厘米

材　质：纸本

收藏地：中国台北故宫博物院

【引言】唐代是中国书法艺术的全盛时期，颜真卿为唐代最杰出的书法家之一，他创造性地将篆隶笔法和民间书法的精华融入笔端，吸收新营养，终于

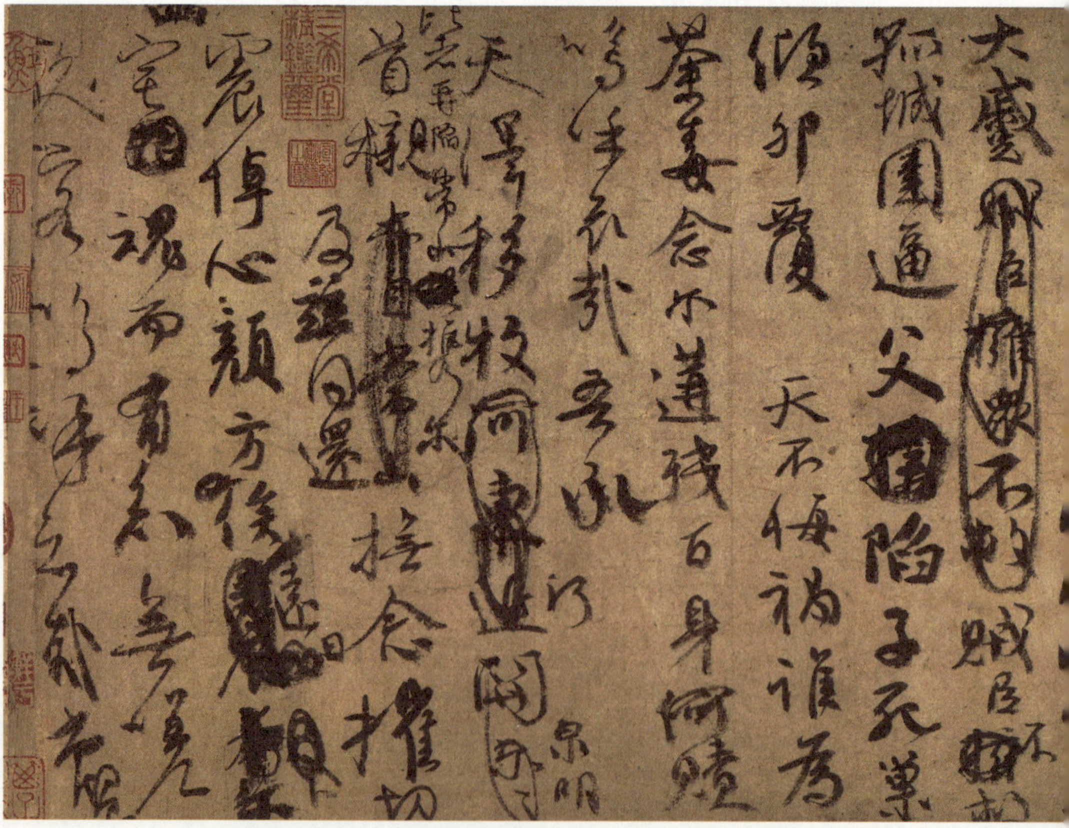

形成刚强雄伟的行草书风，其书法艺术在中国书法史上占有极其重要的地位。《祭侄文稿》匆匆起草，任由一腔忠义、悲愤、痛悼之情，通过心手交应倾泻于纸上，其笔画的质性遒劲而舒和，与沉痛切骨的情感融和无间，是血与泪凝聚成的不朽巨作，元代鲜于枢评此作为“行书天下第二”，其当之无愧。

安史之乱中的颜氏兄弟

“山雪河冰野萧瑟，青是烽烟白人骨。”唐天宝十四载（755），安禄山、史思明起兵反唐，这场叛乱给繁盛的唐王朝带来了空前的浩劫。安史之乱之于唐人，就像是天外飞来的陨星，将盛唐历史拦腰斩断，把一个

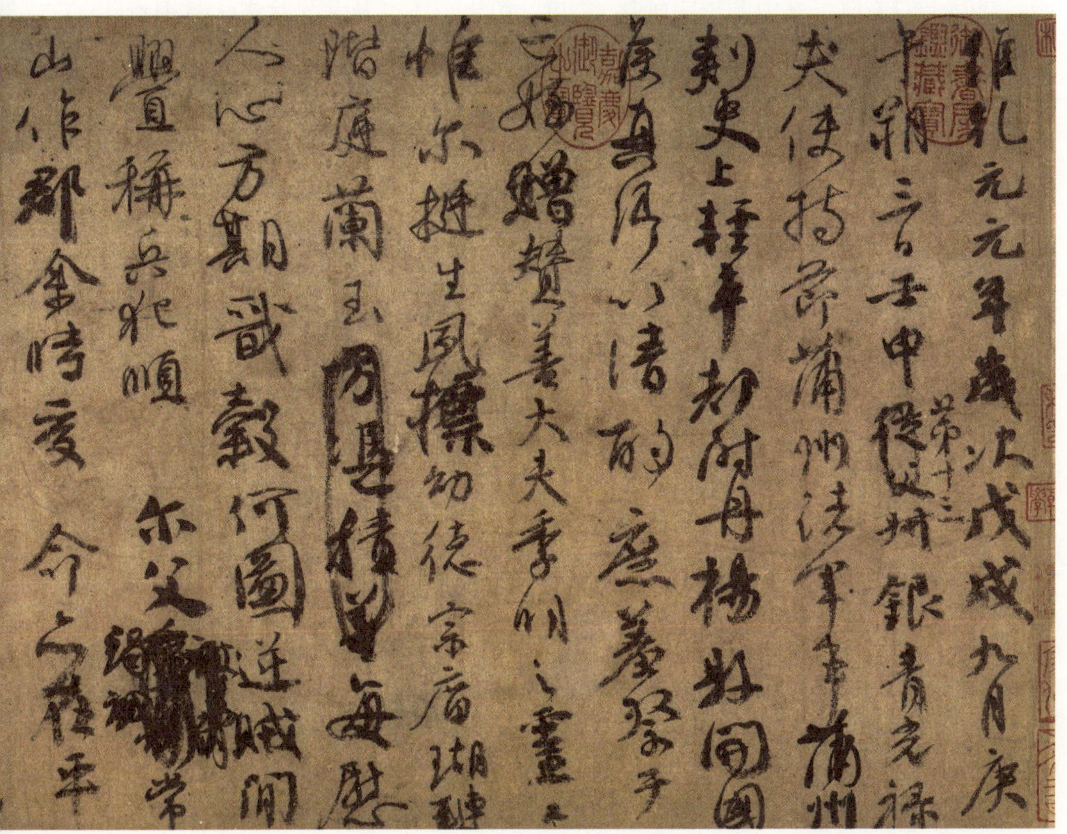

"一百四十年，国容何赫然"的锦绣帝国变成了修罗屠场。

叛军于范阳挥师南下，河北地区大片沦陷。时颜真卿因得罪当朝奸相杨国忠，被贬为平原太守。其兄颜杲卿在常山任太守，兄弟二人联合起来，高举义旗，起兵讨贼。真卿之侄、杲卿之子颜季明在两城之间来回联络，通报消息。颜杲卿父子设计杀死镇守土门关要塞的安禄山大将李钦凑，夺回土门关口，并由颜季明领兵把守，为唐王朝赢得了启用郭子仪，调动大军平息叛乱的时间。安禄山见势不妙，急召正在攻打潼关的史思明返回河北，夺取土门关和常山城。河东节度使王承业坐视不救，杲卿激战三天，城内水尽粮竭，寡不敌众，城池终陷于敌手。叛军将兵器架在季明脖上，威逼杲卿投降，杲卿不屈，叛军砍下季明头颅，季明身首异处。杲卿被刑时，至死骂不绝口。颜氏家族一门忠烈，三十余人在这次叛乱中壮烈殉国。

安史之乱平息之后，颜真卿特地派人寻找杲卿一家尸骨，仅得杲卿一足、季明头颅。面对国难家仇，50岁的颜真卿一时百感交结，老泪纵横，悲从中来，因而撰文作祭，挥笔写成流传千古的《祭侄文稿》，计25行，共230字。

无意入情深

《祭侄文稿》开篇为"维乾元元年、岁次戊戌、九月庚午朔、三日壬申。第十三（'从父'涂去）叔银青光禄（脱'大'字）夫使持节蒲州诸军事、蒲州刺史、上轻车都尉、丹杨县开国侯真卿"，颜真卿说明了书写的时间和自己的身份官职，以及祭文的目的，感情尚未迸发。

接着为"以清酌庶羞祭于亡侄赠赞善大夫季明之灵曰：惟尔挺生，夙标幼德。宗庙瑚琏，阶庭兰玉（'方凭积善'涂去），每慰人心"，追忆侄儿颜季明小时候的聪颖与睿智，充满了怀念之情，字体大小均等，舒朗适宜，如行云流水般流畅。

当写到叛乱时，"方期戬谷，

何图逆贼开衅，称兵犯顺。尔父竭诚（‘制’涂去，改‘被迫’再涂去），常山作郡。余时受命，亦在平原。仁兄爱我（‘恐’涂去），俾尔传言”，开启了如交响乐的第二乐章，颜真卿内心的悲愤开始凝结汇聚，涂改的线条不加修饰，显示作者心中积郁已久的悲愤已经无法控制，接下来一笔奔腾，一蹴而就，直抒胸臆，如飞瀑直下，一泻千里。

行文至“尔既归止，爰开土门。土门既开，凶威大蹙（‘贼臣拥众不救’涂去）。贼臣不（‘拥’涂去）救，孤城围逼。父（‘擒’涂去）陷子死，巢倾卵覆。天不悔祸，谁为荼毒”时，颜真卿心中的愤恨像火山迸发，狂涛倾泻，字形时大时小，行距宽窄不一，内心的悲痛通过书法呈现了出来，让文稿达到了第一个高潮。

“念尔遘残，百身何赎？呜乎哀哉！吾承天泽，移牧（‘河东近’涂去）河关。泉明（‘尔之’涂去）比者，再陷常山（‘提’涂去）。携尔首榇，及兹同还（‘亦自常山’涂去）。抚念摧切，震悼心颜”时，反复涂抹，随情挥洒，苍凉悲壮，韵律激昂涌动，悲伤又一次猛烈的涌上心头，撕心裂肺之痛让颜真卿声泪俱下，掀起了文稿的第二个高潮。

最后的文字是：“方俟远日（涂去二字不可辨），卜（‘为’涂去）尔幽宅（‘舍’涂去）。魂而有知，无嗟久客。呜呼哀哉，尚飨。”无奈的颜真卿期待侄子“魂而有知，无嗟久客”，早日魂归故里。

书法艺术让颜真卿一千年前的内心世界跃然纸上。苏轼称之为“书法无意乃佳”，元人鲜于枢更赞之为“行书天下第二”，可见评价之高。此稿是在极度悲愤的情绪下书写，顾不得笔墨的工拙，故字随书法家情绪起伏，纯是忠义情怀和深厚功力的自然流露。这在整个中国书法史上都是极为罕见的。

薪火相承

颜真卿是中唐时期的书法创新的代表性人物，其楷书字体方正茂密，笔画横轻竖重，笔力雄强圆厚，气势庄严雄浑，“颜体”缔造了一个独特的书学境界。其行书有着遒劲郁勃的风格，体现了大唐帝国繁盛的风度，是书法美与人格美完美结合的典例。三百多年后，北宋出现一人将行书推向另一个高度，他就是苏轼。苏轼的书法受颜真卿的影响极大，并且在一定程度上有异曲同工之妙。

如果将二人的人生奋斗史做一个比较，我们可以惊奇地发现他们有许多相同之处：他们都经科举考试而中进士，又由进士入朝为官，在政治上都有远大的抱负，为官都具有正直勤奋、不畏强权的品质。颜真卿因为官清廉、刚正不阿而遭杨国忠、元载等人迁怒、诽谤，四次遭贬终不改其志；苏轼因多次上书反对王安石变法，几经贬迁，后来以司马光为代表的旧党当权，全面废除新法，苏轼又以国家和人民利益为重，主张参用所长，再次遭贬谪。在升沉与漂泊中，他们饱尝人世间的困苦，但依然性情旷达、襟怀开阔。因此，他们的书法都具有大气磅礴、豪放雄健的一面，极具人格魅力。

《祭侄文稿》虽是有感而发，随意挥洒，意不在书，却以震撼人心的艺术感染力使之成为唐代乃至整个书法史上最富抒情性的作品之一。三百多年后，苏轼被困黄州，每为寒食、清明之雨所苦，感时伤怀，以神来之笔写下《寒食帖》，沉郁幽怨之情，动人心魄，成为宋代尚意书风的压轴之作。在中国书法史上，再难以找出第三件如此具有情感冲击力和穿透力的作品了。

072 夜宴之后的寂寞萧条

国家宝藏

顾闳中《韩熙载夜宴图》

年　代：五代，公元 907—960 年

尺　寸：纵 28.7 厘米，横 335.5 厘米

材　质：绢本

收藏地：北京故宫博物院

【引言】“分久必合，合久必分”是历史发展的必然规律，然而战争的破坏却抑制不了艺术的发展，众多文人墨客给我们留下了许多宝贵的遗产。《韩熙载夜宴图》就是战乱纷争的五代时期产生的最具有现实主义精神的代表性作品。作为中国十大传世名画之一，它有着无可估量的历史文化价值，它是中国美术史的丰碑，是华夏文明的巨作。在这里可以看得见古老东方民族独特的艺术气质。它且吟且舞且歌，令我们品味之，品赏之，咀嚼之，韵味无穷无尽。

觥筹交错掩盖的凄凉

五代十国，纷纷扰扰，争斗不休。

公元937年南唐立国，在江南建立政权，是十国当中版图最大的王朝。南唐烈祖李昪休兵罢战，对外敦睦邻国，同时结好契丹牵制中原政权，以保境安民；对内轻徭薄赋，劝课农桑，鼓励工商业发展。息兵安民的国策为江南地区的发展提供了安定的社会环境，经济文化逐渐繁荣发展起来。南方的安定与富足和江北的战祸与萧条形成鲜明对比，成为饱经战乱沧桑的文人士大夫理想的栖身之所。江北士人多流落至此，“儒衣书服盛于南唐”，“文物有元和之风”。

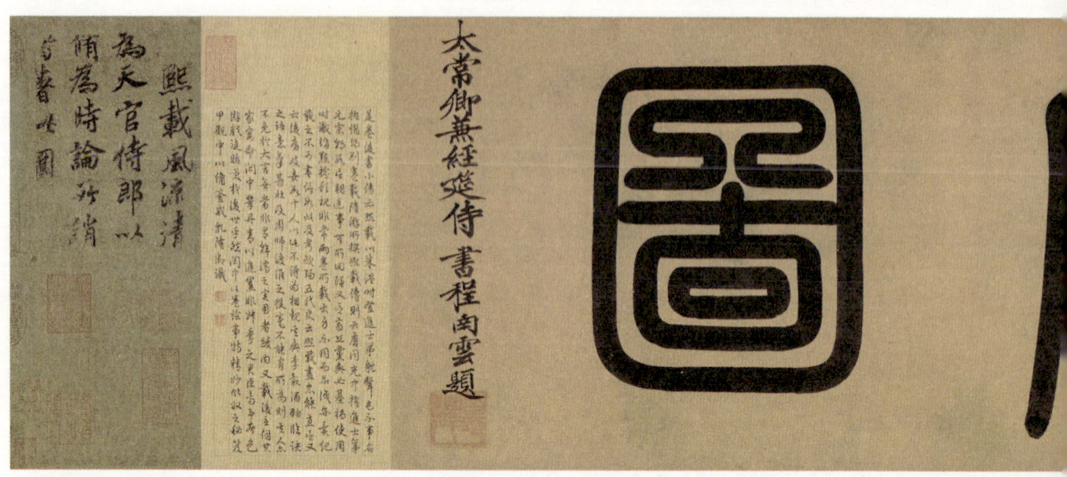

熙載風流清
為天官侍郎以
頗為時論所誚
著此圖

南唐韓熙載齊人也朱溫時以進士登第與鄉人史虛白在嵩岳聞先主輔政順義六年易姓名為商賈偕虛白渡淮歸建康並補郡從事而虛白不就退隱廬山熙載詞學博贍然率性自任頗耽聲色不事名檢先主不加進擢洎禪位遷祕書郎嗣主于東宮元宗即位累遷兵部侍郎及後主嗣位頗疑北多以死之且懼遂放意杯酒間竭其財致妓樂殆百數以自汙後主屢欲相之聞其揉雜即罷常與太常博士陳致雍門生舒雅紫微朱銑狀元郎粲教坊副使李家明會飲李之妹按胡琴公為擊鼓女妓王屋山舞六么屋山俊惠非常二妓公最愛之幻令出家号凝酥素質後主每伺其家宴命畫工顧宏中輩丹青以進既而點為左庶子分司南都盡逐群妓乃上表乞留後主復留之闕下不數日群妓復集飲逸如故月俸至則為眾妓分有既而日不能給嘗弊衣屨作瞽者持獨絃琴俾舒雅執板挽之隨房求丐以給日膳陳致雍家屢空畜妓十數輩與熙載善亦累被尤遷公以詩戲之云陳郎衫色如裝戲韓子官資似美鈐其放肆如此後還中書侍郎卒於私第

南唐韓熙載齊人也朱溫時以進士登第與鄉人史虛白在嵩岳聞先主輔政順義六年易姓名為商賈偕虛白渡淮歸建康並補郡從事而虛白不就退隱廬山熙載詞學博贍然率性自任頗耽聲色不事名檢先主不加進擢給禪位遷祕書郎嗣主于東宮元宗即位累遷兵部侍郎及後主嗣位頗疑北人多以死之且懼遂放意杯酒間竭其財致妓樂殆百數以自汙後主屢欲相之聞其揉雜即罷常與太常博士陳致雍門生舒雅紫微朱銑狀元郎粲教坊副使李家明會飲李之妹按胡琴公為擊鼓女妓王屋山舞六公屋山俊惠非常二妓公最愛之幼令出家号凝酥素質後主每伺其家宴命畫工顧宏中輩丹青以進既而熙載病左庶子分司南都盡逐群妓乃上表乞留後主復留之闕下不數日群妓復集飲逸如故月俸至則為衆妓分有既而日不能給嘗弊衣屨作瞽者持獨絃琴俾舒雅執板挽之隨房求丐以給日膳陳致雍家屢空畜妓十數輩與熙載善亦累被尤遷公以詩戲之云陳郎衫色如裝戲韓子官資似美鈴其

文人的大量涌入，再加上江南地区深厚的文学底蕴和文化基础，使南唐成为一个艺术的王朝，为后来《韩熙载夜宴图》的面世提供了必要的环境。中主李璟时期，南唐与吴越战祸频起，北方后周政权三度侵入南唐，寿州一战，南唐军队一溃千里，被迫尽献江北之地。为避后周锋芒，李璟迁都洪州，自此国力受损，不复昔日强盛。待后主李煜即位时，南唐政治、社会矛盾积重难返，党争愈演愈烈，人心涣散，处于即将亡国的风雨飘摇之中。就在这一时期，画家顾闳中的《韩熙载夜宴图》面世，成为南唐最后的欢宴。

“宴罢又成空，魂迷春梦中”，看到《韩熙载夜宴图》总是令人不经意想到李后主的这句词。画面中的韩熙载是一位很有才华的官员，出身北方望族，投顺南唐。初期深受南唐中

《韩熙载夜宴图》局部

主李璟的宠信，后主李煜继位后，南唐已经处于衰落的状态，李煜的软弱加剧了南唐的灭亡。

李煜一方面向威胁南唐的北周屈辱求和，一方面又猜疑陷害北方来的官员，南唐统治集团内部斗争激烈，朝不保夕。在这种环境之中，身居高职、又是来自北方的韩熙载为了保护自己，以声色为韬晦之所，每每夜宴宏开，与宾客纵情嬉游，期望以此迷惑李后主，不要怀疑、迫害他。但李煜对他还是不放心，派出两名宫廷画师——周文矩与顾闳中“夜至其第，窃窥之，目识心记，图绘以上之”。韩熙载心知肚明，将夜夜笙歌、醉生梦死的生活来了场淋漓尽致地演绎，顾闳中凭借着他那敏捷的洞察力和惊人的记忆力，把韩熙载在家中的夜宴全过程默记在心，回去后即刻挥笔作画，成就绝世名画。李后主看了此画后，韩熙载等人才得到了暂时的安全。

这幅画卷，描绘的就是韩府夜宴的整个过程，绘面采用传统的表现连续故事的手法，将琵琶演奏、观舞、宴间休息、清吹、欢送宾客五段场景一一展现。各段独立成章，又能连成整体。第一段为“听乐”，为夜宴初开时，几案上酒菜罗列，教坊司李嘉明之妹手捧琵琶，轻拨琴弦，七男五女或坐或立，主人公韩熙载跏趺坐于围床，似乎沉寂在琵琶声中。第二段是“观舞”。韩熙载宠妓王屋山扭动柔软的腰肢，随着鼓乐声跳起六幺舞，韩熙载在一面半人高的红漆阑鼓前击鼓助兴，神态自若。其他人或拍手迎合，或手持云板，或凝神观舞，最有意思的是韩熙载的知心好友德明和尚，低头合掌，目不斜视，似乎十分尴尬。第三段为“休憩”。韩熙载略有疲惫，正与四位女妓围坐内室榻上休息，另有两侍女似乎在商量新一轮的宴乐。第四段为“清吹”，韩熙载着白色宽衣，袒胸露腹，微摇绢扇，盘坐在胡椅上，面前一位女子与他交流着什么，五位乐伎神情娴雅地坐成一排吹奏箫笛。第五段为“调笑”。数位宾客与女妓调笑取乐，韩熙载着黄衫，复执鼓槌，端立正中，暗示着欢宴即将重开。

作者的观察细致入微，把韩熙载生活的情景描绘得淋漓尽致，画面中四十多个人物神态各异，栩栩如生。画家从一个生活的侧面，生动地反映了当时统治阶级奢靡的生活场面。画家用惊人的观察力，和对主人公命运与思想的深刻理解，在看似整个宴会沉浸在纸醉金迷的行乐中，暗示着韩熙载以失望收场。而这种落寞心情，反过来又加强了韩熙载对美好生活的追求与向往。

这幅巨作完成不久，后主李煜兵败降宋，南唐国运在存在39年后戛然而止，《韩熙载夜宴图》与后主李煜的亡国后词一样，成为南唐最后的奢华。

差异的晚宴

在人类灿若星河的艺术世界里，绘画是对现实对象的浓缩与精炼、概括与简化，有属于它自己的美学价值和哲学观念。《韩熙载夜宴图》是中国工笔人物画的代表作，是中国传统绘画艺术的骄傲。在西方绘画世界里，《最后的晚餐》是达·芬奇用他的笔将晚餐的情景在瞬间定格，是世界美术宝库中最完美的典范杰作。两幅中西方的名画描绘的都是晚宴的情景，里面人物各有特征，绘画技法各有千秋，东西方绘画的差异由此显现。

就构图而言，《韩熙载夜宴图》是一个流动的画面，画家将这种流动式的美用散点透视法呈现出来，“以形写神”，将五个场景、四十多个人物展现在一幅画卷上，满眼色欲的郎君、娇小妩媚的艺伎、声色犬马的大臣、尴尬的僧侣、穿梭的侍女……人物众多却聚散有致、宾主有序，场面动静相宜。屏风充当了时空转变的间隔，把一幅幅不同时空的故事连缀成篇，毫无违和感。而达·芬奇《最后的晚餐》在画面的布局上别具新意。打破了耶稣弟子们坐成一排，耶稣独坐一端的常见布局，让十二门徒分坐于耶稣两边，耶稣孤寂地坐在中间，将这幅画定格在了即将到达高潮前的那一刻，即耶稣说完“你们中有一个人出卖了我”的那一刻。耶稣的脸被身后明亮的窗户映照，显得庄严肃穆，他旁边那些慌乱的弟子们，流露出最真实的姿态神情，每个人的面部表情、眼神、动作各不相同。尤其是惊恐的犹大，手肘碰倒了盐瓶，身体后仰，满脸的惶恐与不安。

就色彩和线条来说，《韩熙载夜宴图》色泽艳丽，富于层次感。多处采用了朱红、朱砂、石青、石绿以及白粉等色，对比强烈。细看仕女们的服饰，可以看出重彩勾填的衣纹图案，极其工细。对于衣物重叠和关节的转折处，画家巧妙地运用晕染技法，让画面虚实有序，形成统一整体。《最后的晚餐》作者首先选用了较为和谐的暖色调黄色，使得画面充满温馨之感。左边的暗色调与右边的亮色调形成对比。刻画人物的线条圆润而有力道，刻画物体和墙壁背景的线条既肯定又刚直。曲与直的线条结合在同一个画面中，使得线条与视觉产生了共鸣。

中西方的绘画艺术是不同的，我们只有用心感受，才能体会它们不同的精神实质。中国工笔画通过对人物的描绘，更多地展现内心世界，通过“形似”获得“神似”，体现“天人合一”的思想，追求人与自然的和谐。《最后的晚餐》像是一尊雕塑，欣赏时内心会有一种震撼，这种震撼源于“神性”。两种绘画尽管有地域的差异，但表现的都是人类的心灵世界，其艺术价值属于全人类。

国宝回家

清雍正年间，《韩熙载夜宴图》为权臣年羹尧所有，年氏倒台被抄家，此画收归皇室，被珍藏于清宫之内，历经嘉庆、道光、咸丰、同治、光绪、宣统六朝，达一百多年之久。清朝灭亡后，溥仪将此画作带往东北。1945年8月10日，日本关东军宣布“伪满洲国”小朝廷转移，溥仪匆匆出逃。《韩熙载夜宴图》在这场动乱中散落到长春街头，几经辗转，到了京城装裱名匠马霁川手中，他叫价黄金五百两，最终张大千用准备买房子的钱换回了这件国宝。

20世纪50年代，寓居香港的张大千决定移居阿根廷，为了筹措费用，他决定出售“大风堂”的镇堂之宝——《韩熙载夜宴图》以及南唐董源的《潇湘图》和元代方从义的《武夷山放棹图》。彼时，不少国外文物机构、文物贩子、香港本土大古董商，往返于中国香港和境外之间，携巨款购画，伺机哄抬价格。有鉴于此，由周恩来总理直接部署，国家文物局局长郑振铎负责，成立了香港秘密收购小组，由香港大收藏家徐伯郊为三人收购小组组长。并决定以文化部的名义，正式申请从国家总预备费中拨出专款，专门用于收购流散在香港的文物。得到张大千要出售名画的消息后，与张大千为莫逆之交的徐伯郊立刻找到张大千，并表明了自己的真实身份，经过一番商讨，徐伯郊以两万美元这个当时极低的价格买下了《韩熙载夜宴图》《潇湘图》以及张大千收集的一些敦煌卷帖、其他宋代画册等。从此，《韩熙载夜宴图》等一批国宝级文物便成了国家文物局馆藏稀世绘画珍品。

《韩熙载夜宴图》是幸运的，经历一番颠沛流离后，已经安然地躺在故宫博物院中。回望悠远时空，《韩熙载夜宴图》展开的斑斓历史画卷，令人过目难忘、叹为观止。历史展开的画卷宏大壮阔，然而历史也是由一个个具体的个人构成，那些画，那些物，那些文字，那些场景，无不散发着那个时代特有的历史温度。

第八章

多元一体的文明进程

随着大唐盛世的落幕，短暂的五代十国将中原大地再度带进了战争的苦难之中。然而在这种断裂式的苦难内部，却孕育着蓬勃的生机，为新时代的到来打下了基础，中华文明开始由多元化向一体化迈进。两宋时期培育出了市民社会的繁荣，一幅《清明上河图》就是宋代市民社会的真实写照。随着印刷术的进步、制瓷业的繁荣，世界也因之而改变。辽、金、西夏、大理、吐蕃等地方性政权在自己的统治范围内，以一种包容和开放的态度，接受着中原地区的先进文化，逐步形成了具有独特魅力的民族文化，其遗存至今在中华文明史上熠熠生辉。蒙古崛起于草原，迅速结束了中华大地上的分裂局面，建立了元朝。元朝虽然短暂，在中华文明的发展进程中却成就辉煌，多元化的格局被打破，一体化的进程迅速展开，奠定了现代中国版图的基础。

073 宋代官窑创造的瓷器辉煌

国家宝藏

汝窑青釉水仙盆

年　代：北宋，公元 960—1127 年

尺　寸：高 6.9 厘米，横 23 厘米，纵 16.4 厘米

材　质：瓷器

收藏地：中国台北故宫博物院

【引言】学贯东西、通晓古今的史学大家陈寅恪先生曾这样盛赞宋代文化："华夏民族之文化，历数千载之演进，造极于赵宋之世。"除了诗词文章、书法绘画，宋瓷，堪称是当时技术与审美、物质文化与精神文化的完美结合，

是宋代文化的典范与象征，也是后世一直追求和仿效的楷模与榜样。

青瓷之魁

汝窑被后世奉为北宋五大名窑之首，震古烁今，是中国古代瓷器发展史中一颗璀璨耀眼之星。汝窑因地处河南汝州而得名，其烧造的瓷器有着天青色的釉、香灰色的胎，釉质温润如玉，素面朴实无华；釉内有气泡，如点点晨星；釉面有蝉翼纹般的开片，若隐若现。简言之，“青如天、面如玉、晨星稀、蝉翼纹”，就是汝瓷的特质。汝瓷被誉为“青瓷之魁”，被形容为“雨过天晴云破处”，“千峰碧波翠色来”，将自然之美与人工之美充分地结合在了一起，也可以说是用人工之美充分展现了自然之美。

目前，就汝窑的传世器物来看，较为明确的数量统计，全世界范围内有70件左右，再加上未公开或未知的，总计也不足百件，极为稀少。中国台北故宫博物院典藏汝窑瓷器21件，其中水仙盆有3件。水仙盆呈椭圆形，侈口，椭圆圈足，下承以四如意头形足，底部有六个细小的支烧痕，均刻乾隆御制诗：“官窑莫辨宋还唐，火气都无有葆光。便是讹传猧食器，蹴枰却识豢恩偿。龙脑香熏蜀锦裾，华清无事饲康居。乱棋解释三郎急，谁识黄虬正不如。”造型典雅大气，釉色均匀莹润。除了中国台北故宫博物院收藏的北宋汝窑的水仙盆外，还有一件现藏于日本大阪市立东洋陶瓷美术馆。这件水仙盆口沿扣饰金属，原为日本安宅家族旧藏，曾两次被伦敦苏富比拍卖。宋代瓷器中只有汝窑生产这种形制的水仙盆，它们能流传至今，实属不易。

汝瓷一片值万金

汝窑烧制宫廷御用瓷器是在宋哲宗元祐元年（1086）到宋徽宗崇宁五年（1106）之间，前后约20年。汝窑主要采用外裹足满釉支烧法，即用各类匣钵

一钵一器烧制而成，在盘、碗等体量较小器物的底部往往可见细如芝麻的小支钉痕3～5个，与明代著名养生家高濂在《遵生八笺》中记载汝窑“汁中棕眼，隐若蟹爪，底有芝麻花细小挣钉”是一致的。另外，也有少数器物采用垫饼的方式烧制而成，则圈足底端均无釉露胎。汝窑瓷器的釉色，以淡天青色为基本色调，是因为其胎、釉中氧化铁的含量适当。此外，汝窑瓷器的釉中还掺有玛瑙粉末。南宋学者周辉在《清波杂志》中说：“汝窑，宫中禁烧，内有玛瑙为釉，唯御拣退方许出卖，近尤难得。”实际上玛瑙的主要成分为二氧化硅，往往含有铁的着色元素，对汝瓷形成的特殊色泽会产生一定的作用。汝窑瓷器在烧成时，还原气氛控制得恰到好处，十分精准，致使器物烧成后釉面滋润，釉呈淡淡的天青色。汝窑烧造的时间并不长，但在器物形体、制作工艺、釉质釉色等方面极为讲究，几乎达到让人无可挑剔的完美境界。

汝窑的产品不多，在当时就已一器难求。作为一代名窑，自明代以来，汝窑瓷器更是一直受到人们的热捧。明代宣德时期，景德镇御窑厂已开始仿烧汝釉瓷器，清代雍正、乾隆、嘉庆、道光各朝也都有仿烧。后世的仿造，以雍、乾两朝最为成功，主要是仿宋代汝窑瓷器的釉色逼真，胎釉质地远在宣德仿制之上，达到了“神形兼备”的效果，可以以假乱真。除了技术因素之外，能成功地烧造出仿汝窑瓷器还与以清内府收藏的古瓷为样本照样烧造有关。如在乾隆三年（1738）六月，一次就将旧藏的宋、明各色瓷器108件交给景德镇督陶官唐英为样本进行生产，其中就有汝窑珍品。唐英《陶成纪事碑记》中记载，清代仿烧汝窑器时，所用的标本有“仿铜骨无纹汝釉。仿宋器猫食盆、人面洗色泽”。这个所谓的“猫食盆”其实就是水仙盆。这种高水平的仿造，是后人对汝窑瓷器的一种致敬，也是汝窑瓷器生命的另一种延续。

074 宋代文人的风流与寂寞

苏轼《黄州寒食诗帖》

年代：北宋，公元 960—1127 年
尺寸：横 34.2 厘米，纵 18.9 厘米。
材质：素笺本
收藏地：中国台北故宫博物院

【引言】苏轼，苏东坡，被称作是国民偶像一点儿也不为过，妇孺老幼都能说得上几句他的诗词，“但愿人长久，千里共婵娟”，“老夫聊发少年狂”，等等。苏轼一生跌宕起伏，既有“春风得意马蹄疾”的荣誉，也有“一蓑烟雨任平生”的淡泊；既可在庙堂之上高谈阔论，当仁不让，也能在田野之中结庐躬耕，自得其乐。这也正是苏东坡的真我风采。当苏东坡写下“大江东去，浪淘尽，千古风流人物”时，是否有着对自己的认同和肯定，我们不得而知。但是，他在同一年写下的《黄州寒食诗帖》确已流传近千年，成为苏轼风流千古的见证。

苏东坡的书法

北宋是中国书法史上的一个高峰期，名家辈出，高手如云，领军人物“苏、黄、米、蔡”更是出类拔萃，卓然独立。其中，“苏”指的就是苏轼。苏门四学士之一的黄庭坚评价苏轼的书法“于今为天下第一”“本朝善书者，自当推（苏）为第一。数百年后，必有知余此论者”。可见，作为大文豪的苏轼，不仅以诗词、文章著称于世，书法上的造诣也堪称翘楚。在传世的苏轼书法作品中，《黄州寒食诗帖》最具代表性。

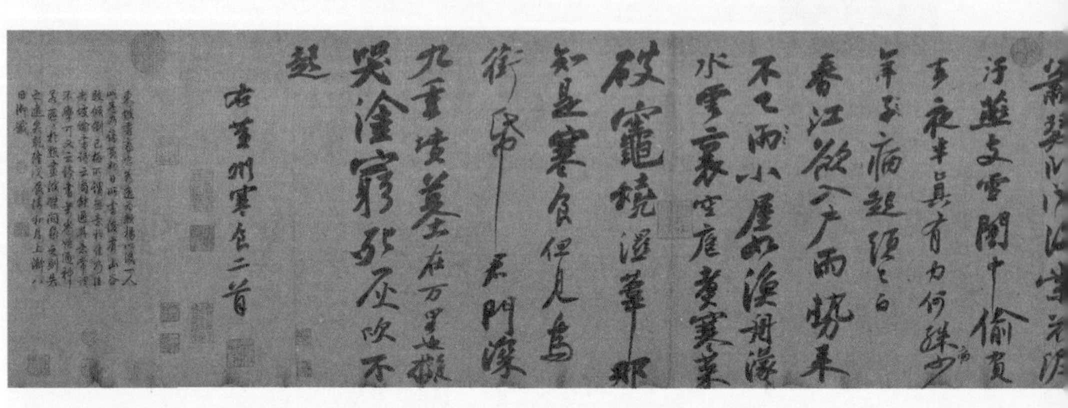

東坡老仙三詩先世舊所藏 伯
祖永安大夫嘗謁 山谷於眉之
青神有携行書帖山谷皆跋其
後此詩其一也老仙文高筆妙粲
若霄漢雲霞之麗山谷又發揚
蹈厲之可爲絶代之珎矣昔
曾大父禮院官中秘書与李常
公擇爲僚山谷母夫人公擇女
弟也山谷与永安帖自言識
先禮院於公擇舅坐上由是与
永安游好有 先禮院所藏
昭陵御飛白記及 曾外祖盧
山府君志名皆列山谷集惟諸
跋世不盡見此跋尤恢奇因詳
著卷後永安爲河南屬邑
伯祖嘗爲之宰云
三晉張 縯季長甫
懿文堂書

雪堂
餘韻
自我來黃州已過三寒

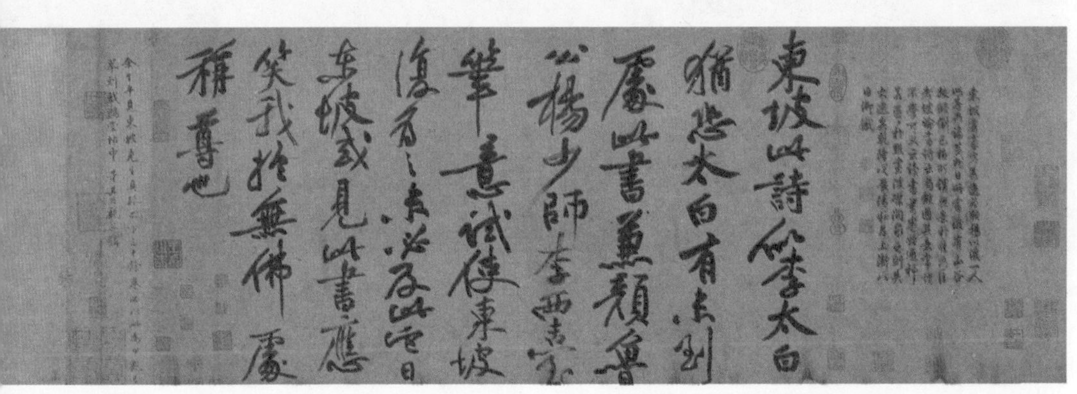
東坡此詩似李太白
猶恐太白有未到
處此書兼顏魯
公楊少師李西台
筆意試使東坡
復為之未必及此它日
東坡或見此書應
笑我於無佛處
稱尊也

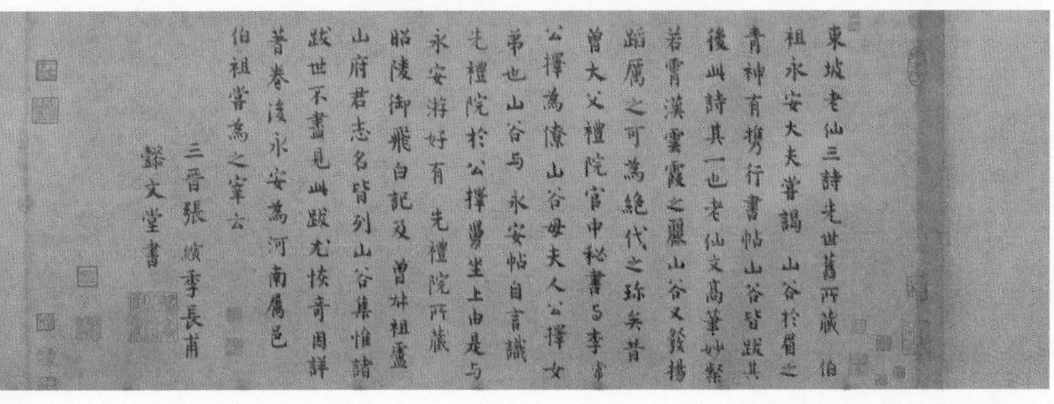
東坡老仙三詩先世舊所藏 伯
祖永安大夫嘗謁 山谷於眉之
青神有携行書帖山谷皆跋其
後此詩其一也老仙文高筆妙粲
若霄漢雲霞之麗山谷又發揚
蹈厲之可為絕代之珍矣昔
曾大父禮院官中秘書与李常
公擇為僚山谷母夫人公擇女
弟也山谷与 永安帖自言識
先禮院於公擇夢坐上由是与
永安游好有 先禮院所藏
昭陵御飛白記及 曾叔祖盧
山府君志名皆列山谷集惟諸
跋世不盡見此跋尤恢奇因詳
著卷後永安為河南屬邑
伯祖嘗為之宰云
三晉張縯季長甫
錄文堂書

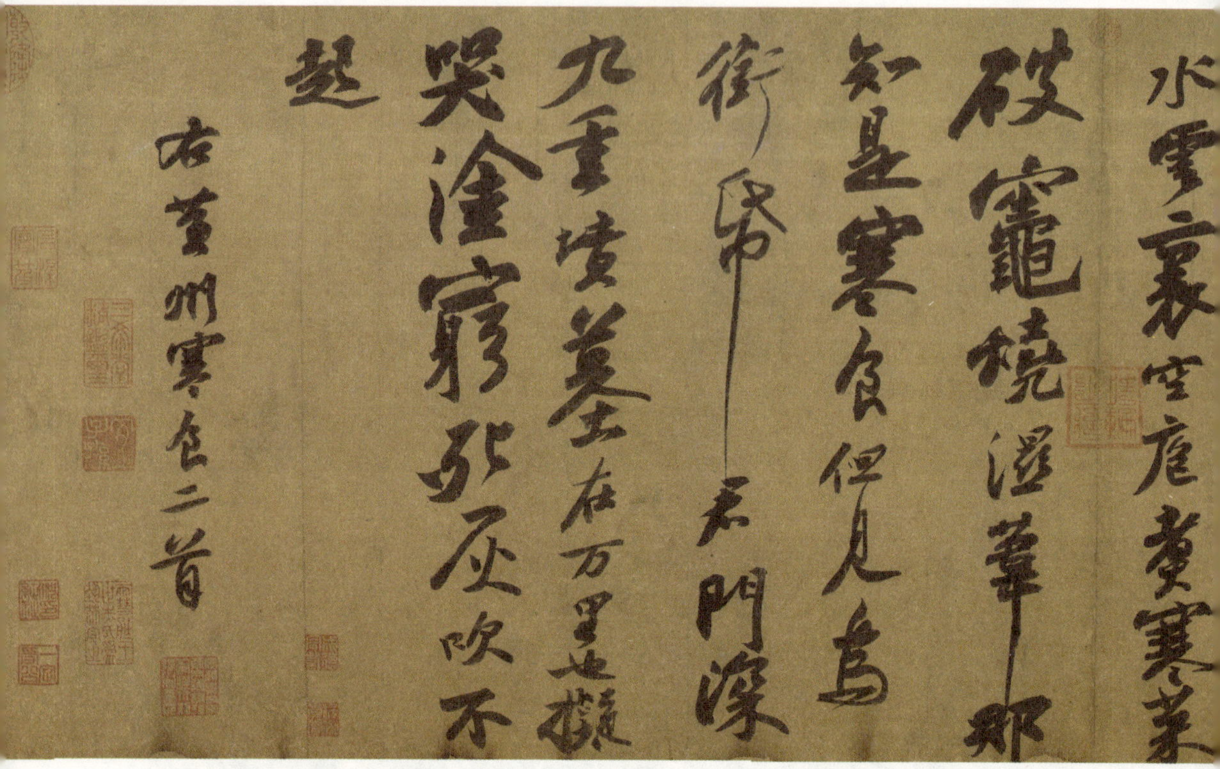

《黄州寒食诗帖》又名《黄州寒食帖》，或称《寒食帖》，苏轼撰诗并书，墨迹素笺本，五言诗2首，行书17行，共计127字。作品的主要内容如下：

自我来黄州，已过三寒食。年年欲惜春，春去不容惜。今年又苦雨，两月秋萧瑟。卧闻海棠花，泥污燕支雪。暗中偷负去，夜半真有力。何殊病少年，病起头已白。

春江欲入户，雨势来不已。小屋如渔舟，濛濛水云里。空庖煮寒菜，破灶烧湿苇。那知是寒食，但见乌衔纸。君门深九重，坟墓在万里。也拟哭途穷，死灰吹不起。

右黄州寒食二首。

苏轼书写此帖，当在宋神宗元丰五年（1082）。那时，他因“乌台诗案”而被贬谪为黄州团练副使。北宋时的黄州，也就是今天的湖北黄冈。这两首诗，

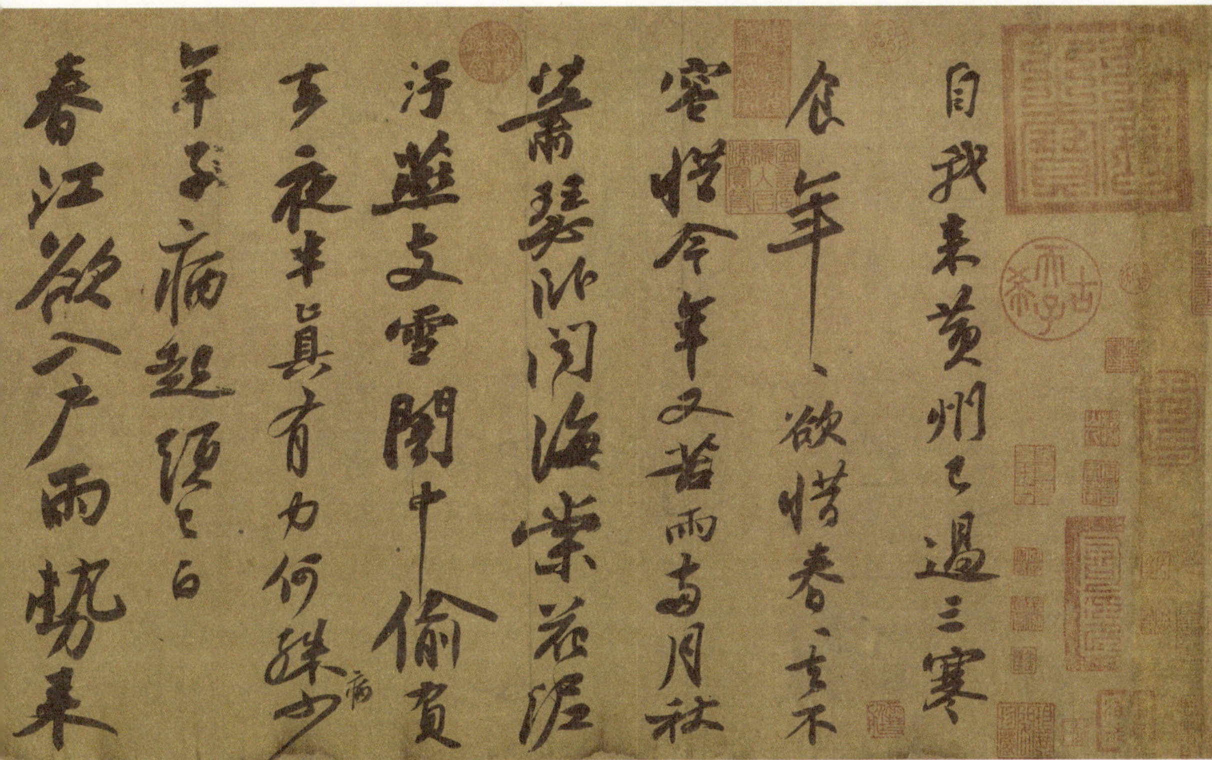

诗意深沉苦涩，甚至有些压抑，在苏轼三千多首诗词之中，既算不上杰作，也不为人所熟知。但是，在书法史上，它确可称得上是宋代美学的最佳典范。与苏轼亦师亦友的黄庭坚机缘巧合见到《黄州寒食诗帖》，激动万分，在诗稿后作了题跋："东坡此诗似李太白，犹恐太白有未到处。此书兼颜鲁公、杨少师、李西台笔意。试使东坡复为之，未必及此。它日东坡或见此书，应笑我于无佛处称尊也。"苏轼的诗，确实有与诗仙李白相近、相通之处。苏轼写过"小舟从此逝，江海寄余生"，而李白也曾写道"人生在世不称意，明朝散发弄扁舟"；两人都对自由自在的江湖有着热切的向往。该诗帖的书法，不仅淋漓尽致地展现了苏轼书法的特点、新意、个性，还兼有唐代颜真卿、五代杨凝式和北宋李建中的笔意。苏轼在书写该诗帖时，一定是笔随意走，一气呵成，无拘无束。因此，若脱离了当时的心情、状态、感受、遭遇等主客观环境，让苏轼再写一次，恐怕也

未必能够达到相同的水平。这才是真正的艺术品，真正有着无穷魅力的艺术品，真正蕴藏着创作者灵魂的艺术品。所以，元代书法家鲜于枢将《黄州寒食诗帖》誉为继东晋王羲之的《兰亭序》、唐代颜真卿的《祭侄文稿》之后的“天下第三行书”。这一评价，得到了后世的公认。若是将此诗帖仅仅放置于特定的两宋时期加以品评，那么称之为“天下第一行书”也是毫无争议的。

从《寒食帖》笔法上来看，整幅作品的点画都显得粗壮浓重，第一眼给人的感觉就是丰腴。作品中横的墨色和用笔都偏轻，相比之下竖画就比较粗而且墨色较重。在笔法方面，唐代著名书法家颜真卿对苏轼的影响最大，颜真卿的书法在用笔上最大的一个特点就是横细竖粗，撇轻捺重，苏轼就吸收了这一特点并运用到自己的创作中。

《寒食帖》的字在结构上取横势，又平又扁，整体显得宽博质朴。黄庭坚在评论苏轼的字形时曾戏谑地称之为“石压蛤蟆”，将苏轼字体的奇特扁平生动地表达了出来。在同一幅作品中间，字体大小对比最明显的书法家应当首推苏轼了。这幅作品中每个字大小的对比都非常明显，其中倒数第二行的“哭途穷”这三个字所占的空间，比前一列“在万里也拟”这五个字所占的空间还要大。字体上的这种强烈反差，使人们在欣赏作品时第一眼就可以注意到，也可以让观看者很容易体会到苏轼在创作过程中的那种极度不稳定的心绪和情感。

从《寒食帖》章法上看，行与行之间的距离显得很稀疏，但在纵势的相互呼应下，不仅没有让人感觉章法散乱，反而带给人一种浑厚、灵动的感觉。整幅作品中的笔画大都表现出一种开张的趋势，也把墨色的浓淡、轻重巧妙地错落开来，展现出一种独特的韵律感。苏轼书法独有一种韵味，让人看过之后除了感觉天真和朴素之外还带有一点拙趣，丝毫没有狂傲奇怪和做作的感觉。

国宝的递藏源流

北宋时期，苏轼的墨宝就已被朝野视为珍品，《黄州寒食诗帖》的递藏源流非常清晰。元代，《黄州寒食诗帖》收藏于内府，元文宗孛儿只斤·图帖睦尔在其上钤盖了“天历之宝”。明代，大书画家董其昌将《黄州寒食诗帖》摹刻于《戏鸿堂帖》中，并题跋其上：“余生平见东坡先生真迹，不下三十余卷，必以此为甲观。已摹刻《戏鸿堂帖》中。董其昌观并题。”可谓再遇知音。清朝顺治年间，《黄州寒食诗帖》转到了益都（今山东青州）人孙承泽手中，因此上面有“北平孙氏”“退谷”的钤印。康熙年间，《黄州寒食诗帖》被著名书画收藏家纳兰容若收藏。纳兰容若喜得《黄州寒食诗帖》，爱不释手，钤盖了不少印章，如“容若书画”“成德容若”“成子容若”等等。几十年后，《黄州寒食诗帖》收归大清内府，并刻入《三希堂法帖》。乾隆皇帝特书“雪堂余韵”四字，以作为此墨宝的卷首题词，并祈此墨宝与天地长存。乾隆皇帝在《黄州寒食诗帖》长卷上钤盖了不少印玺。咸丰十年（1860），庚申之变，“万园之园”圆明园惨遭英法联军焚毁，收藏在园内的《黄州寒食诗帖》长卷被烈火烤焦了边沿，险遭厄运。时隔不久，《黄州寒食诗帖》流落民间，为书画家冯展云所得。冯卒后，归郁华阁主人盛伯羲所有。清宣统年间，《黄州寒食诗帖》又被意园主人收藏。1913年二月，梁鼎芬为幸存的《黄州寒食诗帖》长卷题签：“宋苏文忠《黄州寒食诗帖》真迹，张文襄称为海内第一。意园物，献禽藏。宣统癸丑二月，梁鼎芬题记。”1922年，《黄州寒食帖》的收藏者颜世清游览日本江户时，将诗帖以重价出售给菊池惺堂，致使这一件书法瑰宝流落异乡。1945年，日本宣布无条件投降。战争刚一结束，时任国民政府外交部部长的王世杰嘱托友人在日本遍访《黄州寒食诗帖》，并不惜重金购回，使得这一墨宝重归故土。诗帖现藏于中国台北故宫博物院。

075 北宋市民社会的真实写照

张择端《清明上河图》

年　代：北宋，公元 960—1127 年
尺　寸：长 528.7 厘米，宽 24.8 厘米
材　质：绢本
收藏地：北京故宫博物院

【引言】北宋张择端的《清明上河图》堪称中国古代表现社会生活内容最为丰富、情景最为生动、意蕴最为深厚、感染力最为强烈的风俗画长卷。画中绘有人物八百多名，牲畜九十余头，车船五十多辆，树木一百多棵，房屋一百余栋，此外还有河流、桥梁、城墙以及盆盆罐罐、桌椅板凳等，可以说是包罗万象，无所不有。如此规模的画作可以说是前所未有，对作画者而言也是个巨大的突破、挑战和考验。这需要画家成熟的构思、巧妙的安排、严谨的设计、准确的观察、合理的把控、广阔的视野、精细的笔绘、贯通的技法。

只有如此，才能成就这一北宋开封“百科全书式”的图画。

北宋汴京众生相

宋代画家张择端绘制的长卷风俗画《清明上河图》被誉为中国十大传世名画之一，也是一幅享誉世界的名画。画面人物众多，景象恢宏盛大，内容丰富多彩，笔法严谨精细，表现技巧生动灵活，以全景式的构图真实地反映了北宋京城汴梁（今河南开封）社会各个阶层的不同生活。它所具备的强烈的艺术感染力、深厚的社会意义，使画作的艺术性和思想性达到高度完美的统一。

《清明上河图》以精致的工笔，步步生景，画面的内容结构，大致可分为三个段落。画卷右端起，始为城郊的农村风光，寂静的原野，略显寒意，渐而有村落田畴，嫩柳初绿，上坟回城的轿马人群，行走于稀疏的树石、潺潺的溪流之间，点出了清明时节的景象。渐而人物增多，房舍逐渐稠密，河道也渐显宽广，画面的气氛随之热烈。中段以虹桥为中心，形成了全画最为紧凑、最为热闹的场面。虹桥横跨于汴河之上，桥身全由巨木架成，有梁无柱，结构精巧，规模宏敞，形制优美，宛如长虹。桥的两端连接街市，来往行人熙熙攘攘，车水

马龙，与桥下紧张的水运相互呼应。桥下河面狭窄，水深流急。漕船之上，船工们正在与河水激烈搏斗，有的撑篙，有的掌舵，有的放桅杆，有的掷缆绳，有的呼喊指挥。过桥的行人也驻足观看，情不自禁地指点提醒、呼号助力，一时间，多少人手忙脚乱，鼎沸一片。后段为城门内外的景象，城楼高耸巍峨，街道纵横交错，店铺鳞次栉比，茶坊、酒肆、脚店、肉铺、寺观、公廨等，一应俱全。街市中有专营罗锦匹帛、珠宝香料、香火纸马的，有医药门诊、大车修理、看相算命的，还有沿街叫卖零食及小百货的，可以说是应有尽有。街上的行人摩肩接踵，络绎不绝，男女老幼，士农工商，三教九流，形形色色，无所不备。正如后世观者所总结的那样："其位置，若城郭市桥屋庐之远近高下，草树马牛驴驼之小大出没，以及居者行者舟车之往还先后，皆曲尽其意态，而莫可数计，盖汴京盛时伟观也。"《清明上河图》所绘这三个部分情景在高度统一的同时又保持着相对的独立性。统一是指三个部分所描绘的内容各不相同却又密不可分，三个部分的空间转换也顺畅自然，没有突兀感；独立性是指三个部分在空间、叙事上，清晰地表现出了乡间郊区、虹桥汴河与城门内外三种场景。这三个部分使画面主次分明，疏密结合，首尾相连，浑然一体，酣畅淋漓，让画面具有起伏的运动感，仿佛可以置身于其中。

身世隐秘的张择端

《清明上河图》的大名妇孺皆知，但吊诡的是，创作者张择端却是个名不见经传的画家。关于张择端的文献材料，现存的只有金代张著在《清明上河图》卷后的85字跋文："翰林张择端，字正道，东武人也。幼读书，游学于京师。后习绘事，本工其界画，尤嗜于舟车市桥郭径，别成家数也。按向氏《评论画图记》云《西湖争标图》《清明上河图》选入神品，藏者宜宝之。大定丙午清明后一日。燕山张著跋。"据此可知，张择端，字正道，大约出生于宋仁宗嘉祐年间（1056—1063）末至英宗治平年间（1064—1067），东武（今山东诸城）人。张择端自幼熟读诗书，长大游学京师，后来可能由于科举考试失利，转攻绘画，并成为一名宫廷画师。细查《清明上河图》长卷的绘画技艺，画家对细微之处刻画的精微地步及娴熟程度，考虑到张择端“后习绘事”的因素，该图应是画家的中年之作，时在崇宁年间（1102—1106）。大约在崇宁四年（1105）的一天，张择端完成画作后将之裱成了手卷，呈递给宋徽宗。宋徽宗看后大加赞赏，情不自禁地在卷首用瘦金书题写了5个字，还加钤了双龙印，但这些在明朝末年已被损毁，那5个字应该就是“清明上河图”。根据张著《清明上河图》跋文，张择端有“《西湖争标图》《清明上河图》选入神品，藏者宜宝之”。也就是说，张择端还有一幅《西湖争标图》为世人所重。现存天津博物馆的《金明池争标图》，图上有“张择端呈进”5个不很显眼的小字，就是与《清明上河图》并称的反映北宋汴梁城市生活面貌的又一杰作，二者堪称双璧。不过，前者在画幅尺寸、所绘内容上远远少于后者，甚至后者为前者的一部分之说曾流行一时。所以，《清明上河图》确是张择端最具代表性的作品。

宝图流传终入宫

《清明上河图》是国画中当之无愧的鸿篇巨帙，在宋代就被视作珍品。因此，《清明上河图》一直不断被模仿。据粗略统计，现存的《清明上河图》摹本有三十多本，其中中国各大博物馆就收藏十余本。不仅如此，《清明上河图》还是后世帝王权贵竞相追逐的目标，收藏家鉴赏家梦寐以求的对象，加之改朝换代、社会动荡等诸多因素，《清明上河图》本身的遭遇和经历也造就了一段耐人寻味的传奇。

明嘉靖三年（1524），《清明上河图》转到兵部尚书长洲（今江苏苏州）陆完的手里。陆完死后，他的夫人将《清明上河图》缝入枕中，寸步不离，视如身家性命，连亲生儿子也不得一见。不过，陆完死后，其子因欠官债，急等钱用，便将《清明上河图》偷偷卖给昆山（今江苏昆山）顾懋宏，后被严嵩父子强行索去。嘉靖四十四年（1565），严嵩倒台，严世蕃被斩，严府被抄，《清明上河图》被收入皇宫。

清代，《清明上河图》先由礼部侍郎陆费墀（安徽桐乡人）收藏，画上有他的钤印题跋。陆费墀死后被抄家，《清明上河图》又被湖广总督、大学者毕沅购得。毕沅死后，亦遭抄家，《清明上河图》被收入皇宫之中。嘉庆皇帝得此至宝，将其珍藏于建福宫的延春阁，并命人将它收录在《石渠宝笈三编》一书内。因此，这幅《清明上河图》旧称“延春阁本”，包首题签“张择端清明上河图”，画上无作者款印。该画在1924年之前被溥仪盗出皇宫，后来带到长春伪皇宫，1945年抗战胜利后散佚到民间。中华人民共和国成立之初，该画被政府收回，但当时尚不知这就是张择端的《清明上河图》，因而混迹在东北博物馆（今辽宁省博物馆）临时库房里的一堆破烂书画里。1950年8月，著名的书画鉴定家杨仁恺先生在里面发现了这件《清明上河图》长卷，他在《1950年东北博物馆庋藏溥仪书画鉴定报告书》中所附的《鉴定笔记》里将此画考订为北宋张择端的真迹，这件珍宝才得以重见天日。1953年11月，《清明上河图》长卷最终回到了北京故宫博物院。

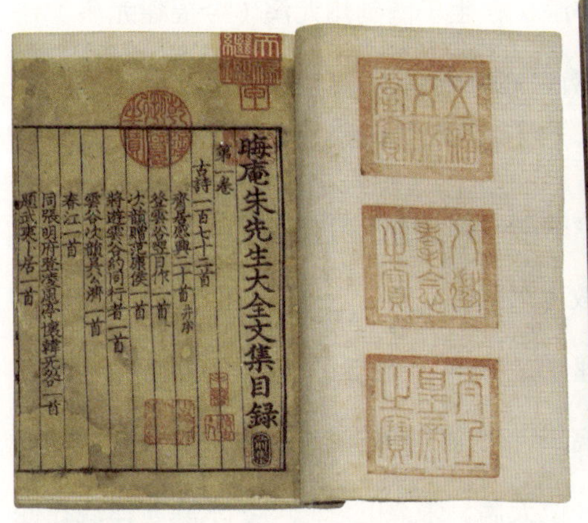
晦庵朱先生大全文集目録

076 “东方文艺复兴”的见证

国家宝藏

福建刻本《晦庵先生文集》

年　代：南宋，公元 1127—1279 年

尺　寸：纵 23.6 厘米，横 17.7 厘米

材　质：纸

收藏地：中国台北故宫博物院

【引言】印刷术还未发明之前，书籍主要依靠抄写而得以流传。隋唐之际发明雕版印刷术和北宋毕昇发明活字印刷术以后，印刷逐渐成为书籍流传的主要途径。由于唐刻本仅局限于佛经、日历等内容，再加上年代悠远，保存不易。相对而言，宋刻本则数量多、数量精，内容丰富，流布较广。在版本学上，宋刻本被视为稀世珍本。

宋代理学的集大成者

朱熹（1130—1200），字元晦，一字仲晦，号晦庵，又号晦翁，别号紫阳。朱熹的祖籍是徽州婺源（今江西婺源），生于南剑州尤溪（今福建尤溪），后徙居建阳（今属福建南平）考亭。南宋高宗绍兴十八年（1148）进士，授泉州同安主簿，任满罢归，长期赋闲。其实，若与其他的著名官员相比，朱熹的履历很简单，做官的经历不足十年，其余的时间都在著书立说、教书讲学中度过。因此，我们推崇朱熹是大思想家、大教育家。

朱熹的思想与学术集北宋以来理学之大成，创立了“考亭学派”（或称“闽学”），将孔孟儒学推向了新的高峰，带来了新的生机。朱熹是自儒学创立后，地位和名望仅次于孔子、孟子的一位大儒。朱熹的思想与学术除了体现在他与时人的讲授、交流之中以外，最重要的则是记录在了朱熹自己的文章、著作之中。我们常说的“四书五经”，不仅是儒家学说的经典，也是封建王朝选拔人才的指定教科书。孔子“删《诗》《书》，定《礼》《乐》，赞《周易》，修《春秋》”，《乐经》被认为失传（一说无此书），五经齐备，五经之名早在汉朝就已确定。四书指的是《大学》《中庸》《论语》和《孟子》，就是朱熹首先将它们合编在了一起，合称“四书五经”。

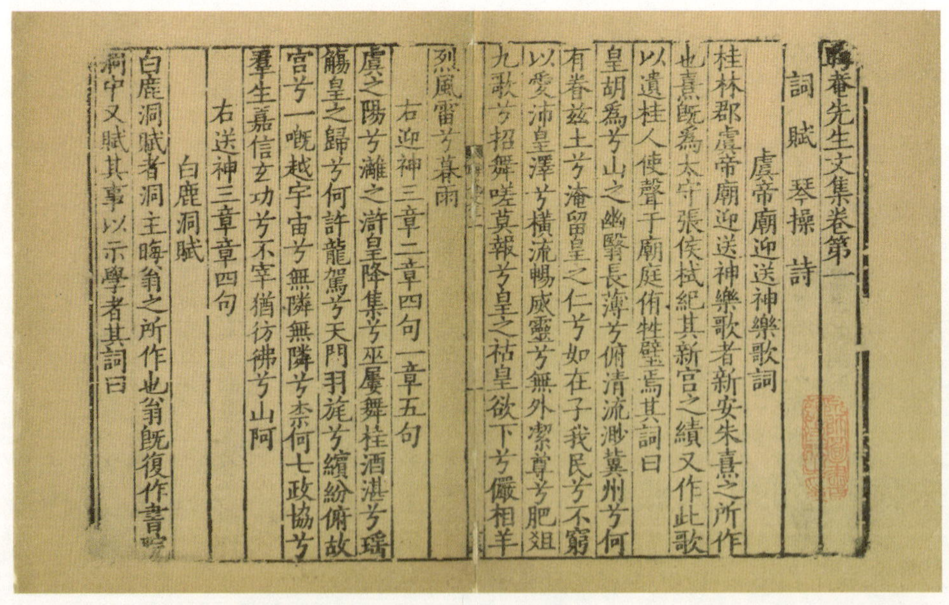
晦庵先生文集卷第一
詞賦 琴操 詩
虞帝廟迎送神樂歌詞
桂林郡虞帝廟迎送神樂歌者新安朱熹之所作也熹既為太守張侯栻紀其新宮之績又作此歌以遺桂人使聲于廟庭侑牲璧焉其詞曰
皇胡為兮山之幽驂長薄兮俯清流渺湘州兮何有眷兹土兮淹留皇之仁兮如在子我民兮不窮以受沛皇澤兮橫流暢威靈兮無外潔尊兮肥俎九歌兮招舞嗟莫報兮皇之祜皇欲下兮儼相羊烈風雷兮暮雨
右迎神三章二章四句一章五句
虞之陽兮灕之滸皇降集兮巫屢舞桂酒湛兮瑤觴皇之歸兮何許龍駕兮天門羽旄兮繽紛俯故宮兮一慨越宇宙兮無隣無隣兮柰何七政協兮羣生嘉信玄功兮不宰猶彷彿兮山阿
右送神三章章四句
白鹿洞賦
白鹿洞賦者洞主晦翁之所作也翁既復作書堂祠中又賦其事以示學者其詞曰

宋版书中的珍本

朱熹一生著述颇丰，其中大部分都汇集在了《晦庵先生文集》（亦名《朱文公文集》《晦庵文集》等）之内。《晦庵先生文集》是朱熹一生心血的凝聚，毕生的智慧结晶，朱熹不仅亲自结集审定，并且在其生前还有过三次刊刻：第一次在淳熙十五年（1188），即前集之刻，刻于建阳麻沙；第二次为前集与后集之合刻，时间约在绍熙三年（1192），刻于建阳麻沙；第三次在庆元四年（1198），出自其弟子王晋辅之手，当时朱熹正遭遇党禁之祸，所以秘刻于广南。

朱熹的思想和学术对后世影响极为深远，因此《晦庵先生文集》流传极为广泛，刻本数量众多。现存最早的宋刻本《晦庵先生文集》，是朱熹生前第二次刊刻的版本，也是宋代以来《晦庵先生文集》的祖本，文物价值、学术价值和意义相当重大。此本在明代为毛氏汲古阁所藏，后收藏于清朝皇宫，仅见著录于《天禄琳琅书目续编》：“《晦庵先生文集》二函十二册，宋朱熹撰。前集十二卷，为古律诗、赋、策问、铭文、赞词、歌、解义、表札、上书、记、题跋、序、墓志铭、祭文；后集十八卷，为序、辨、论、问答、易赞、记、行状、碑铭、墓志。无编者姓名，亦无序跋。书中标‘晦庵先生文集’，而前集目录之首标‘晦庵朱先生大全文集’，后集二印不可辨。”又附朱文藏印“宋本”“甲”“毛晋”“汲古主人”“乾隆御览之宝”“五福五代堂宝”等。该刻本为大字本，无序跋，每半叶十二行二十一字，白口，间有小黑口，有鱼尾。

清朝末年，溥仪以赏赐溥杰为借口，把包括《晦庵先生文集》在内的乾清宫东昭仁殿的全部宋、明版古籍珍本运到宫外。后来，《晦庵先生文集》辗转为现代著名藏书家山阴（今浙江绍兴）沈仲涛所收藏。后来沈仲涛将毕生的藏书，包括《晦庵先生文集》在内，一同捐赠给了中国台北故宫博物院。

077 海上丝绸之路的繁荣

鎏金银腰链

年　代：南宋，公元 1127—1279 年
尺　寸：长 172 厘米。
材　质：鎏金银质
出土地：2007 年广东省台山市上下川岛海域南海 I 号沉船出土
收藏地：广东海上丝绸之路博物馆

【引言】人类文明的产生与发展受地理环境的影响。中国作为世界四大文明古国之一，并且延续至今、未曾中断，与其特定的地理环境有着密不可分的联系。在地理上，中国东临大海，西北是戈壁和沙漠，西南有面积广

阔的青藏高原和云贵高原。这种一面临海、三面陆路的地理环境，使中国与外部世界形成了一种半开放、半隔绝的状态。在这种状态下，中国的西北部开辟了著名的丝绸之路，东部和东南沿海地区则开辟了与东亚、东南亚、南亚、阿拉伯半岛国家，甚至东非国家交通、交流的海上丝绸之路。因此，除了 960 万平方千米的陆地上埋藏着丰富的文化遗产外，300 万平方千米的海洋国土下面也有着惊人的古代宝藏。

海洋考古的发轫

20世纪80年代中叶以前，中国的水下考古和水下考古学还是一片空白。1985年，英国人米歇尔·哈彻在中国南海私自打捞出大批的清康熙年间的青花瓷器，并于1986年4、5月间将这批盗掘的珍贵文物在荷兰阿姆斯特丹拍卖，引起了国际考古学、博物馆学界的强烈不满，并引起中国政府及文物部门的关注。这种沉痛的刺激使中国政府和文物考古界做出的反应之一就是：填补学科空白，开展中国水下考古工作。1986年9月，国家科委科技促进研究发展中心与文化部文物局联合发出《关于加强我国水下考古工作的报告》，国家文物局委托中国历史博物馆（今中国国家博物馆）承担这项国家任务。1987年3月，由国家文物局牵头，成立了“国家水下考古工作协调小组”，水下考古在中国正式起步。

1987年广州救捞局与英国海洋探测打捞公司合作在广东阳江海域寻找东印度公司沉船时，意外地发现了一艘中国古代沉船。1989年，中国与日本水下考古学者合作进行调查，这艘古代沉船被正式命名为“南海Ⅰ号”。2001年、2003年，中国水下考古学者对沉船进行了发掘，发现沉船船体保存较好，虽然船的上层建构已经不存在，但主甲板及其以下的船舷、隔舱以及支撑结构（如龙骨、船肋）等，基本保存完整，船舱内放置着整齐的瓷器和其他货物，是迄今为止南中国海域发现的保存最为完整的宋代沉船。2007年4月至12月，南海Ⅰ号

被成功地整体打捞出水，安置在专门为其量身打造的广东海上丝绸之路博物馆内，并在其存放的“水晶宫”内注入了同质、同温的海水，为沉船构建了一个与之前相同的、可以控制的存放环境，为进一步的挖掘、研究创造了极佳的工作条件。2009年8月至9月，2011年3月至5月，广东省文物考古研究所水下考古研究中心研究人员对沉船进行了两次试掘，了解沉船情况，获得一批重要的考古数据，并提取了部分文物。2013年11月28日，南海Ⅰ号全面发掘正式启动，沉船的轮廓、舱室基本揭露，至今仍在有条不紊地发掘之中。

繁荣的海上丝绸之路

通过对南海Ⅰ号船体残块的木材检测，确定船木包含了马尾松和杉木两类材质。马尾松是生长于长江流域及其他区域的亚热带针叶树种，因此南海Ⅰ号沉船很有可能是中国南方地区制造的一艘商船。从已发掘暴露的船体结构和船型判断，南海Ⅰ号沉船是长宽比较小、安全系数高、耐波性好、装货量大的“福船”类型，船体保存较好，存有一定的立体结构，这在中国沉船考古中较为鲜见。截至2017年底，南海Ⅰ号沉船总共出土文物21000余件套，其中以瓷器、铁器、铜器、铜钱为主，此外还有金器、银器以及大量动植物标本、船木等。瓷器主要为年代从北宋中晚期至南宋早期的福建德化窑、泉州磁灶窑、景德镇窑系、龙泉窑及广州民窑的产品，包括影青瓷、青瓷、青白瓷和铅绿釉的碗、盘、碟、壶与大小不一、形状各异的粉盒、瓶等。发现的近两万枚铜钱当中，最早为王莽时期的“货泉”，其次为隋唐时期的“五铢”钱和“开元通宝”，少部分为五代十国钱币，如后周的“周元通宝”、后唐的“唐国通宝”等，绝大部分为北宋的年号铜钱，最晚的为南宋“绍兴元宝”。此外，还有铜镜、石砚、石枕、石雕佛像、石雕观音坐像、银锭等等。据考古专家估计，南海I号沉船中的遗物总量可达6万到8万件之多。在沉船内如此众多的器物之中，有一件鎏金银腰带，长172厘米，形制独特，不同于中国传统的腰带，具有明显的波斯风格，很可能为船主或船员所用，这也许暗示沉船或许与南亚或东南亚存在联系。这件鎏金银腰带成为沉船所在的广东海上丝绸之路博物馆的镇馆之宝。

关于南海Ⅰ号沉船的文物价值，大体包括三个方面：一是这艘沉船本身就是一件价值连城的文物，对中国古代造船工艺、航海技术以及木质文物长久保存的研究提供了实物标本；二是船上装载的文物数量众多，其中不少文物非常精美，有些甚至是专门用中国的原材料为国外客户定制的生活用品，对研究宋代的外销瓷、对外贸易、经济发展提供了珍贵的实物资料；最为重要的一点是南海Ⅰ号沉船为“海上丝绸之路”提供了丰富的物质证据。过去研究海上丝绸之路，大多都是依据文献资料进行研究，海洋航路上发现的实物资料相当稀少。而南海Ⅰ号沉船的海域应该在由泉州、广州港经广东西部沿海驶向东南亚乃至印度、西亚地区的“海上丝绸之路”的航线上，这将为复原“海上丝绸之路”提供重要的实物依据。

宣化辽墓壁画之《门卫图》

078 墓葬艺术中的辽代社会生活

宣化辽墓壁画

年　代：辽，公元 907—1125 年

尺　寸：横 181 厘米，纵 152 厘米

材　质：壁画

出土地：1974 年河北省张家口市宣化区下八里村张世卿家族墓出土

【引言】辽朝是以契丹贵族为主体建立的一个强大的少数民族政权，吞并幽云十六州，雄踞北方，与北宋对峙，在中国历史上占有重要的地位。契丹民族原为逐水草而居、以畜牧游猎为生的草原民族。然而在辽朝建立之后，随着契丹族进入中原地区，汉族和契丹族的融合日益加剧，形成了独特的文化。而反映这一历史潮流的最直接实物证据就是河北张家口宣化区下八里的辽代张氏家族墓壁画。

契丹统治下的汉人家族

1971年春，在今张家口市宣化区下八里村，农民在当地东北正山南坡平整土地时，发现仿木结构的砖砌古墓一座。墓室虽经盗掘，但墓内四壁和顶部的壁画保存完好。当地文化主管部门当时曾将墓门封闭保存。1974年冬，考古工作者开始对墓室进行发掘清理，出土各种陶瓷器、木俑、志石等，同时发现了大面积的墓室壁画。壁画是这次发掘的重要收获之一。壁画分布于墓室四壁和顶部，总面积约86平方米。壁画内容大部分是描写墓主人生前的生活，同时也反映了当时社会生活的一些侧面，和民间艺人的创作才能。壁画虽经近千年的雨水浸蚀，色彩仍很鲜艳。

根据墓志记载，墓主人为张世卿，宣化人，其家族世代在宣化这块美丽富饶的土地上繁衍生息，一直坚守本分，耕读传家。到张世卿一代，家产累积得已经相当丰厚，成为当地有名的大地主。辽道宗大安四年（1088），辽国部分地区遭受严重的农业灾荒，饿死者无数，甚至出现“民削榆皮食之，继而人相食”的恐怖地步，辽政府只好实行“立入粟补官法”，期望通过以官帽换粮食的方法，鼓励富户大贾们为国分忧，替民解困。此时，张世卿拿出2500斛（约150吨）谷物，救济灾民，以助国用。辽天祚帝被他忠赤之心所感动，特授其创业右班殿直，后来累官至银青崇禄大夫、国子祭酒、监察御史、云骑尉。

墓志还反映了当时汉人和契丹人通婚的情况。墓志中提到“孙男二人，长曰伸，妻耶律氏”，说明到了辽代统治晚期，原本仅限于上层的汉族和契丹族通婚，已经扩张到社会中下层，汉族和契丹族通婚已是普遍现象。

辽代社会生活的真实写照

宣化辽墓壁画的重要特点是以家庭生活为主。墓室立壁的题材主要有门卫、门神、散乐、备茶、备酒、府库、备经、挑灯、妇人启门、家内侍者、屏风等家庭生活场景。在家庭生活中佛事又占重要地位。从墓志记述知墓主人是虔诚的佛教信徒。他们实行火葬是“依西天毗荼礼”，把崇佛诵经看作人生最重要的大事。如张世卿墓《备经图》中，高桌上除放置《金刚般若经》《常清净经》经盒和香炉、花瓶外，还有漆托白瓷盏茶具。张公诱墓《备经图》中，桌上放经盒、长柄香炉、花瓶，一女侍正启门端盘而入，盘上放置茶盏，暗示诵经必饮茶。《备茶图》是宣化辽墓中最常见的一种壁画，对碾茶、候汤、点茶、送茶等情节都有细致表现。当时备茶的诸多用具在壁画中都有描绘，这在古代壁画中是独一无二的。这些《备茶图》所表现的意境既不是主人品茶之好，也不是风靡北宋朝野的点茶时尚，而是墓主人佛事诵经生活之一部分。

6号墓前室东壁《备茶图》展现了5位侍者备茶的场面。画的正中前方，一名汉族装束的小童坐在地上低头用茶碾在碾茶，旁边的盘子里还有一块待碾的圆茶饼，另一名契丹装束的少年鼓着双腮给煮茶的风炉吹气。一名契丹男侍站立在这少年身后，伸出双手似乎正要取走风炉上煮茶的茶壶。男侍右侧有一高桌，桌上放着杯、壶、茶盒、提篓等物，桌前有两只小狗嬉戏，桌子左面还有两套捧盒，似乎装着食物。画面左上部是两个汉族装束的侍女，两人都手捧茶盏，最左侧那个已经转身移步，似乎要去给主人送茶。这幅作品情趣盎然，通过备茶侍者的行止动作，真实反映了辽代的社会生活，其构思之巧令人赞叹。这正是宣化辽墓壁画为人喜爱的重要原因。

宣化辽墓壁画之《备茶图》

079 寻找金代的上京

铜坐龙

年　代：金，公元 1115—1234 年
尺　寸：通高 19.6 厘米
材　质：青铜
出土地：1956 年黑龙江省哈尔滨市阿城区金上京遗址出土
收藏地：黑龙江省博物馆

【引言】金代的上京会宁府，故地即今黑龙江省哈尔滨市阿城区的白城。金朝自金太祖完颜阿骨打始，至金太宗、金熙宗，直到海陵王完颜亮于贞元元年（1153）迁都燕京，均定都于此，称为上京，前后38年。此地也被叫作金源，是女真族的龙兴之所，是金朝初期的政治中心。

金代定鼎之地会宁府

上京会宁府以北宋都城汴京为蓝本进行过多次大规模的修建，最南为乾元殿，宋徽宗、钦宗蒙尘北狩，在此朝见金国皇帝。其北为敷德殿（即朝殿），是官员朝见皇帝的地方。再北为庆元宫，为安放金太祖以下各帝遗像之处，就是金朝的原庙。又北为明德宫、明德殿，供太后居住。此外，还兴建了太庙、社稷坛等等。金上京规模宏大，功能完备，宫殿富丽堂皇，是金源文化发展的重镇。

1965年，金上京故城西垣南段墙脚下发现一件铜坐龙，1974年由发现人送交县文管所，1990年调归黑龙江省博物馆收藏。这件铜坐龙昂首张口似长吟，肩微前弓，前左腿翘起，其爪飞踏瑞云。瑞云与后腿相连。右前腿略向前方直立，爪与地面相接。龙尾上翘向外蜷曲。龙首、肩部和四肢饰有卷鬣。在龙的前右腿、尾部及瑞云处，有一双向分开的扁锭残迹，应当是为与它物相连接固定而铸。它集四种动物特征于一体：龙头、犬身、麒麟背、狮尾。这件铜坐龙构思巧妙，造型新异，铸造精细，为金代龙形文物的代表。这件铜坐龙，是国内出土的第一件金代铜坐龙。

目前国内所见年代最早的铜坐龙，出土于北京丰台唐史思明墓中。这件铜坐龙略小，头向左斜，张口，颈部有一火焰珠，前腿直立，后腿曲踞，长尾穿过后腿裆向上卷至腰部。躯干有鳞片，前肢五爪，后肢三爪。从形象上来讲，这两件铜坐龙有着一定的承袭关系。考古发掘总是充满了未知，并且能够带给人们惊喜。1990年，北京市文物研究所的考古人员在白纸坊立交桥一带，也就是金中都皇宫内的主殿大安殿遗址范围也发掘出了一件铜坐龙，通高31.5厘米，重约1.3千克，圆首，独角，嘴内含珠，鳞片状角延伸至背部，弓身踞坐，前足直立，两侧有翼，后足屈膝，足作五爪，绞股双尾上翘，向外卷。底部有4个钉孔，内有铁钉锈痕。2002年6月，北京市文物研究所的考古人员在房山区金代皇家陵寝遗址的考古调查、勘察和试掘中，又发现了两件铜坐龙。这两件铜坐龙的形制、样式与前两件金代铜坐龙基本相似。

铜坐龙侧面

铜坐龙的用途

那么，这几件金代的铜坐龙是用来做什么的呢？也就是说，他们的功能或者作用是什么呢？

金上京的铜坐龙，是国内出土的

第一尊金代铜坐龙，曾在阿城县文管所工作的许子荣先生依据《金史·舆服志》中的记载："又大辇，宋陶穀创意为之，……大辇，赤质，正方，油画，金涂银叶龙凤装。其上四面施行龙、云朵、火珠，方鉴，银丝囊网，珠翠结云龙，钿窠霞子。四角龙头衔香囊。顶轮施耀叶，中有银莲花、坐龙"，认为这尊铜坐龙可能为金朝皇帝辇辂上的饰物。这枚铜坐龙原有三副铜钉，每副为相并的两个扁钉，用以嵌固在物体上。此后，相关辞书、报刊在介绍这尊金代铜坐龙时，均认同并引用了这一观点。这也是学界对金代铜坐龙功用的最初判定。

有学者提出，铜坐龙是避邪神兽，高高站在金代皇帝殿前平台上所设的幄帐顶上，起辟凶除恶保平安之用；还有学者认为，铜坐龙是一种镇墓兽。其实，综合来看，黑龙江阿城的铜坐龙出土于金代早期都城上京会宁府皇城遗址的西端，其他几尊金代铜坐龙均出土于北京，也就是金中都，都与金代皇家建筑遗址密切相关，如金中都的城墙、宫殿遗址，金代皇陵的地面建筑遗址。古代的华表、望柱、殿宇等建筑物上均有石质或陶瓷质的坐龙，大小与铜坐龙相当，按坐式龙易于固定的特点，金代的铜坐龙更有可能是金代皇家建筑上的一种构件，具有装饰作用和守护功能。

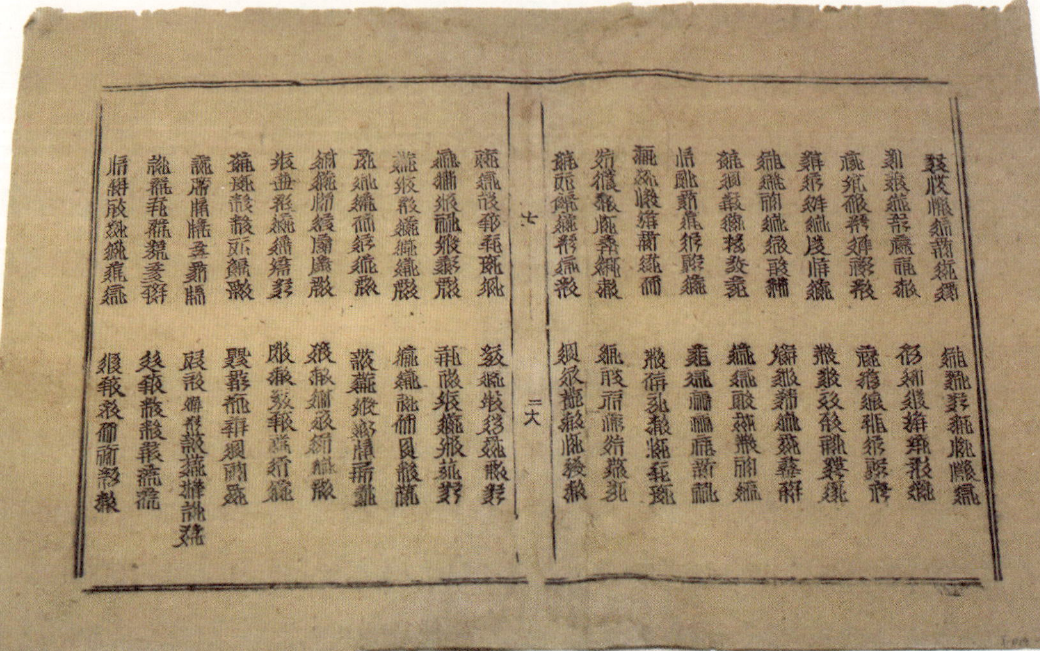

080 西夏王朝的文化积淀

西夏文《吉祥遍至口和本续》

年　代：西夏，公元 1038—1227 年
尺　寸：版框高 30.7 厘米，宽 38 厘米
材　质：纸本
出土地：1991 年宁夏回族自治区贺兰县拜寺沟方塔出土
收藏地：宁夏博物馆

【引言】西夏是 11 世纪至 13 世纪以党项族为主体在中国西北地区建立的一个少数民族政权。西夏文献，既是西夏文化的重要载体，也是中国古典文献、历史文物的重要组成部分。从文字种类看，西夏文献主要可分为西夏文文献、

汉文文献、藏文文献及梵文文献等。西夏文文献绝大多数为西夏国的原始文献，在西夏文献中的史料价值最高，研究的价值也最大。自 20 世纪初以来，西夏文献大量被发现。其中宁夏贺兰县拜寺沟方塔内出土的西夏文献，其数量之多，种类之丰富，仅次于内蒙古黑水城出土文献，具有极高的研究价值。

神秘的西夏文字

1990年11月，宁夏贺兰县拜寺沟内的一座砖砌方形13层密檐式塔被不法分子蓄意炸毁，成为废墟。第二年的8月至9月，宁夏文物考古研究所的考古人员对方塔废墟进行了发掘与清理，获得了大量西夏时代的遗物。据粗略统计，方塔清理出的佛经文书共36件（种），约12万字。其中西夏文刻本约10万字，写本约7千字；汉文刻本约3千字，写本约1万字。另有佛画残件5种，以及塔心柱铭文、西夏文木牌等。在这些佛经文书中，有9册保存较为完整的西夏文佛经，一般统称为《吉祥遍至口和本续》。这9本佛经，皆为刻本，白麻纸精印，蝴蝶装。完本者有封皮、扉页；封皮左上侧贴有刻印的长条书签，书名外环边框；封皮纸略厚，呈土黄色；封皮里侧另褙一纸，有的褙纸为佛经废页，褙时字面向里。全页版框高30.7厘米，宽38厘米；四界有子母栏，栏距上下23.5厘米，无界格，半面左右15.2厘米。版心宽1.2厘米，上半为书名简称，下半为页码；页码有汉文、西夏文、汉夏合文3种形式。每半面10行，每行22字，字约1厘米。佛经文字工整秀丽，版面疏朗明快，纸质平滑，墨色清新，是古代优秀版本之一。此次发现的《吉祥遍至口和本续》，完本每本17—37页，完残本总计220页，约10万字。

西夏王朝的印刷业

西夏文佛经并不是稀物，在中国北京、宁夏、甘肃、陕西、内蒙古等地区

的文博、图书机构，在俄罗斯、英国、日本、法国、德国、瑞典、印度等国的相关文化机构都有收藏，总计近400种。《吉祥遍至口和本续》之所以重要，第一，在目前已知的西夏文佛经中尚无此经，属海内外孤本。第二，它是藏传佛教密宗经典的西夏文译本，“本续”二字就是它的标志，还可能是藏文大藏经已经失传而被西夏文译本保留下来的藏密经典。《本续》有经文本身，又有纪文、广义文、解补配套，它所包含的信息量远远超过了经文本身。第三，《本续》作为首尾完整的藏传佛教西夏文译本，不仅是研究西夏语言文字的重要资料，研究西夏佛教、藏传佛教的宝贵资料，也是认识和研究当时纸张制造、版本印刷、书法艺术、装帧艺术的实物资料。

拜寺沟方塔的发掘者，也是《吉祥遍至口和本续》的发现者，常年从事考古学和西夏学研究的著名专家牛达生先生经过潜心研究，认为《吉祥遍至口和本续》是西夏后期印本，系木活字版所印，并于1993年在北京召开的“第一届中国印刷史学术研讨会”上正式公布了这一研究成果。由于此前没有发现更早的木活字印刷品，学界普遍认为木活字为元代王祯所发明，因此这一发现受到格外重视。文化部于1996年组织了对“西夏木活字研究成果”的鉴定，确认《吉祥遍至口和本续》是迄今为止世界上发现最早的木活字印本实物，它对研究中国印刷史和古代活字印刷技艺具有重大价值。被誉为“文明之母”的印刷术，是中国古代的四大发明之一。中国古代印刷，主要是指隋唐之交出现的雕版印刷和北宋毕昇发明的活字印刷。然而令人遗憾的是，在中国浩如烟海的汉文古籍中，迄今尚未发现宋元时期的活字印本。西夏时期的活字印本《吉祥遍至口和本续》的发现，填补了中国早期活字印刷遗存资料的空白。

纸是印刷的先决条件，与印刷的发展有着密切的关系。同样，造纸术也是中国古代的四大发明之一。《吉祥遍至口和本续》正文用纸，纸样色泽较白，近似于一般生白布的色调；纸质均匀细平，不见明显的粗大纤维束；纸页平滑度正面较好，反面略差；有明显的帘纹，宽度约1毫米，帘纹数约每厘米7条。经测定，纸页白度36.8%，厚度0.13毫米，纸重30.0克/米^2。

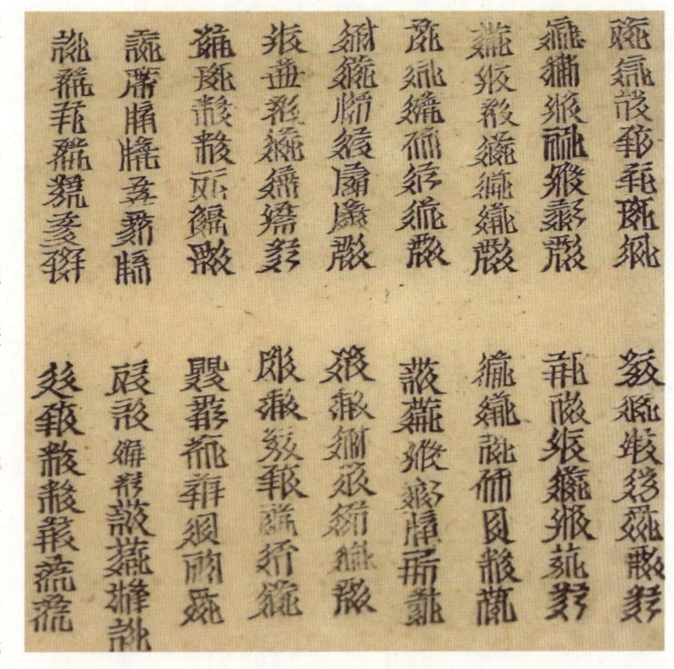

《吉祥遍至口和本续》局部

《本续》正文用纸，为古代一种质量较好的书写印刷用纸。其纤维原料为苎麻及大麻（破布），是经过石灰和草木灰处理、中等程度打浆、纸药配浆、竹帘抄纸、人工干燥等工艺过程生产出来的。《本续》封皮用纸，是以白净的棉、麻破布为原料，经过剪切备料、舂捣打浆、低浓分散解离、加入淀粉等纸药、用竹帘抄制成湿纸页、复帘压榨脱水等工序后，再用人工干燥而成。因此，纸页两面平滑度差较小，纤维束少。干燥后的纸页，再经过入黄处理（黄柏汁染色），使纸变为黄色，并兼有防蛀虫的作用。

以研究中国古代科学技术史而闻名于世的英国著名学者李约瑟曾说过：“我以为在全部人类文明中，没有比造纸史和印刷史更加重要的了。”造纸术和印刷术都是中国古人智慧的结晶，李约瑟的这一论断，可以说在发现的《吉祥遍至口和本续》中得到充分实证。

081 鲜为人知的大理国

银背光金阿嵯耶观音立像

年　代：大理，公元 937—1254 年
尺　寸：通高 29.5 厘米
材　质：金
出土地：1978 年云南省大理市崇圣寺千寻塔出土
收藏地：云南省博物馆

【引言】云南的气候舒适宜人，四季如春，景色绚丽，风光旖旎，享有“七彩”之美誉，令人心驰神往。云南的历史悠久绵长，云南的文化神秘独特，除了热情善良的少数民族，质量上乘的茶叶和翡翠，被称作“云南福星”的阿嵯耶观音像绝对算得上是云南的一个精神与艺术的象征。

从南诏到大理

南诏是中国历史上存在时间较长、特色颇为突出的一个地方性政权。隋末唐初，在云南大理洱海周围形成了六个势力较大的乌蛮、白蛮部落，合称“六诏”（“诏”是当地的土语，有“王”和“地区”两层含义）。其中，蒙舍诏因处于其他五诏之南，故又称“南诏”。唐玄宗时，皮逻阁在唐朝的支持下统一了六诏，并于开元二十六年（738）被封为云南王。第二年，皮逻阁迁都大和城（今大理南太和村），建立了南诏国。唐昭宗天复二年（902），权臣郑买嗣杀死南诏王，南诏亡。后晋天福二年（937）通海节度使段思平建国号大理，直至南宋理宗宝祐二年（1254）为蒙古所灭。从南诏到大理，佛教一直是最为盛行的宗教，至今依旧耸立在点苍山麓的崇圣寺千寻塔就是最好的见证。

大理崇圣寺三塔呈鼎足状立于苍山洱海之间，一大二小；大塔居中，又名千寻塔，为16级方形密檐砖塔；另外两座小塔分列南北，均为10层，平面呈八角形。崇圣寺三塔历史悠久，始建于唐（南诏），大理、元、明、清历代均有维修。1978年至1981年，文物部门在对崇圣寺三塔进行维修时，于千寻塔（大塔）的塔顶和塔基内发现了南诏、大理国时期的珍贵文物680余件，包括佛教造像153尊，其中佛64尊，菩萨76尊，护法天神与其他造像13尊。从质地分，佛类有金像5尊，银像10尊，鎏金铜像19尊，铜像13尊，水晶像2尊，泥像12尊，石像与木雕像各1尊；菩萨类有金像2尊，银像5尊，鎏金铜像22尊，铜像32尊，瓷像3尊，玉石像1尊，木雕像1尊，泥像3尊。这批佛教造像对研究南诏、大理国佛教史、艺术史等方面有着重要的价值。

云南福星

千寻塔内共出土阿嵯耶观音像5尊，其中金质2尊，鎏金铜质1尊，银质1尊，木质1尊。最具代表性的是有镂空雕花银质火焰形背光的阿嵯耶观音像，此像高发髻，头戴化佛冠，髻上绕有丝束，分多股下垂，袒露上身，项饰瓔珞，戴三角形臂钏，右手腕戴联珠式手镯，两耳戴耳坠，细腰直立，下着大裙，裙上饰褶子，腰带饰花形扣结，飘带系于两腰下垂于地，手结妙音天印，赤足，足下有二榫。阿嵯耶观音像有明显的印度造像风格，他上身全是裸露的，胸部有突起的二圆点以示乳头。发髻做得高高隆起，将发高盘于头顶，像一个王冠，而且用一个珠玉的带子将头发束住，另一些头发则曲卷下垂，披在肩上。一条装饰华丽的带子环绕于额头，在这条带子的中央突起三角形花纹的装饰。在他的头饰上方，坐着一尊阿弥陀佛。两耳垂戴有耳坠子，脖子上戴着一个精心制作的珠宝项圈，上饰云莲纹，双臂戴三角形花纹的臂钏，在右手腕戴一只手镯。右手举至胸侧，覆掌，食指、大拇指相捻，余三指散直向上，左手仰掌，手心微微向上，结妙音天印。他穿着一条薄裙，裙上有褶子，裙下端呈鱼尾形。一块围巾环着他的腰肢，在前面打了一个装饰花结；另一块围巾则披在前面，环两侧股打结。腰部系有一条宝莲花纹饰金腰带。阿嵯耶观音面相和善，略带笑容，鼻子扁塌，嘴形宽阔，嘴唇丰厚，上身袒露，下着贴身薄裙，赤足，手结妙音天印。他的这些特征与中国内地唐、宋时期信仰的杨柳观音、持莲观音等三十三体观音像差别很大。千寻塔出土的5尊观音像的时代为大理国。另外，千寻塔上原来还供奉有一尊大理国皇帝段正兴出钱为太子段易长生、段易长兴等铸造的阿嵯耶观音像，中华人民共和国成立前被盗，现藏美国圣地亚哥艺术馆。这说明大理国时期曾有多尊阿嵯耶观音像供养在千寻塔上。

大理崇圣寺千寻塔出土的阿嵯耶观音像作为大理时期的珍贵艺术品，是大理古代劳动人民智慧的结晶。这些观音像的粉本是由印度僧人菩立陁诃于南诏保和二年（825）从印度传入的。在铸造阿嵯耶观音像的过程中，大理地区的古代工匠参照这个粉本的同时，又结合南诏、大理时期王族所戴的王冠、白族人的脸型，铸造出了这种兼有中国大理和印度风格的综合型造像。从中可以看出，地处中国西南的南诏、大理在文化上的开放性和包容性，他们一方面大量吸收中原内地的先进文化，另一方面也吸收了外国的优秀文化，创造了一种独具特色的地方文化。阿嵯耶观音像不仅仅是云南一省的艺术瑰宝，更是中国人民与印度及东南亚各国人民友好往来和文化艺术交流的见证。

082 国家宝藏

忽必烈与他的世界帝国

刘贯道《元世祖出猎图》

年　代：元，公元 1206—1368 年
尺　寸：纵 182.9 厘米，横 104.1 厘米
材　质：绢本
收藏地：中国台北故宫博物院

【引言】元代大学者王恽曾说："国朝大事，曰征伐，曰蒐狩，曰宴飨，三者而已。"精辟地总结出了蒙元统治者的主要活动。其中，蒐狩主要指的就是狩猎。蒙古族是马背上的民族，习于弓马，纵横驰骋是其民族特性。狩猎是最能展现其民族特点和风采的方式之一。

认识不一样的忽必烈

《元世祖出猎图》是一幅以元世祖忽必烈游猎活动为表现主题的蒙元宫廷画，是蒙元时期宫廷画的代表作品，一直以来备受蒙元史和美术史学者关注。

《元世祖出猎图》画面的左下角有题款"至元十七年二月御衣局使臣刘贯道恭画"，清楚地表明了创作时间及作者。至元十七年，即1280年，正当元世祖忽必烈在位之时。画家刘贯道，其生平履历最早见于至正二十五年（1365）夏文彦编著的《图绘宝鉴》。刘贯道，其字仲贤，中山（今河北定州）人。他擅长画道释人物和类似北宋李成、郭熙一路画风的山水，还兼擅花竹、鸟兽。至元十六年（1279），他因画《裕宗御容像》大受赏识，补御衣局使。清康熙年间，权倾朝野的重臣明珠次子、名满天下的词人纳兰性德之弟纳兰揆叙《益戒堂诗后集》中有《题元世祖出猎图》诗一首："至元天子英武姿，校猎每以

秋冬期。我今展图如见之，沙漠惨淡移于斯。……月来日往绵岁时，此画完整无缺亏。偶然浏览浑忘疲，便觉满室生凉飔。壮观咫尺慰所思，何待振策游边陲。”生动、详尽地描绘了画中的场景。

《元世祖出猎图》的艺术魅力

该画的内容取材于元世祖行猎的场面。在历史上，蒙古族狩猎一直被誉为天下奇观。但这幅画没有着眼于浩浩荡荡、金戈铁马的场面与气势，而是表现出了一种从容自若、闲庭信步的恬淡与逸趣。画家只挑选了十个人物，加以精雕细刻，使之各尽其态。画面情调平淡温和，以阴柔出之，并不以阳刚制胜。我们可以看到，元世祖忽必烈位于靠近中央的地方，御青马，戴貂冠，身衣白裘，脚蹬皮靴，昂然坐在马上，从容而威武。他的头部略微向左偏转，双目凝视远方，目光坚定而神情泰然。与元世祖并辔而立的可能是皇后，她身着白袍，在坐骑红缨佩饰的映衬下，显得非常优美，和元世祖刚毅伟岸的身姿形成对比。在前景以及世祖帝后的两侧共有八名侍从，有的腰携箭箙，有的手持猎鹰，有的弯弓寻羽，他们或纵犬，或持矛，或扬鞭，姿态或仰或俯，人物、坐骑各不相同。其中，画面左下方的三名人物颇具特色。第一人阔脸长须，身着蓝衣，头戴红帽，跨坐于一匹白马之上，

《元世祖出猎图》局部

右臂擎有一只通体雪白的海东青，颇为醒目。海东青自唐代以来即为猎鹰猛禽中的名品，在辽、金、元三朝更是倍受统治者青睐与推崇。南宋徐梦莘所著《三朝北盟会编》中记载：“海东青者出五国，五国之东接大海，自海东而来者，谓之海东青。小而俊健，爪白者尤以为异。”白色海东青在元代尤为珍贵，为皇室所独有。稍下方的第二人身着绿衣，留有婆焦发型，背身坐于黄马上，身后驮有几只猎物，此人右臂立有一只猎隼，体型较小，全身呈淡黄色。位于全轴最下方的第三人青衣尖帽，秃顶黄髯，仰面昂视，体貌特征明显，应是来自西亚或中亚的色目人，其身后有一只猎豹安坐于马背之上，猎豹的颈间系有一道绳索，紧握于前方的猎人手中。这种专门用于狩猎的豹子并不产于东亚、北亚地区，应是随着蒙古帝国的扩张，从西亚或非洲地区传入的。远景画得很简单，一队商旅行驼出没于山丘之中，使人仿佛置身于辽阔的塞外大漠。

从技法上看，画家充分发挥了线条的表现力，不论是线条的劲挺与柔和，还是运笔的疾迟与轻重，皆臻于妙境。元世祖的形象，与台北故宫博物院收藏的历代帝后像中的元世祖像极为相似，可能出于写实之笔。在马的画法上，则又继承了唐宋画马名家的手笔，造型准确逼真，用笔劲健，设色清雅。画面的构图，疏密得当，错落有致，人物互相呼应，前景、中景、远景安排得层次分明。画面的动静、详略、虚实关系也处理得相当成功。画家把笔墨集中在人物的刻画上，对于人物和坐骑的每一个细部，包括繁复的装饰花纹和细如游丝的马鬃都一丝不苟。但是他对于环境却很少刻画，只是呈现给我们广阔辽远的旷野，留下让人遐想与深味的空间。

通过这幅作品，人们不仅可以看到蒙古贵族狩猎的场景，更能领略到蒙元统治下民族的多元化和文化的多元化。这幅作品为后代研究元代人物肖像画、蒙古贵族服饰、蒙元政治社会生活和典章制度提供了重要依据。

083 丝路寻踪青花瓷

国家宝藏

景德镇窑青花凤首扁壶

年　代：元，公元 1206—1368 年

尺　寸：高 18.7 厘米，底径 4.5 厘米，口径 4 厘米

材　质：瓷器

出土地：1970 年北京市西城区旧鼓楼大街豁口东元代窖藏出土

收藏地：首都博物馆

【引言】“China”在英语中既有“中国”的含义，又有“瓷器”的意思。此外，还有一种解释，即古代中国景德镇名为“昌南”，其发音与“china”相似。西方世界以瓷器或者瓷器制造地点来称呼中国，可见中国瓷器和制瓷业在世

界文化当中占有独特地位，同时也显示出西方对于中国瓷器的充分认可。青花瓷成熟于元代，是元朝制瓷业的突出成就。青花瓷和景德镇都是中外经济往来、文化交流的重要组成部分。

北京出土的元青花

1970年，北京旧鼓楼大街豁口东在修建地铁2号线的施工之中，无意间发现了一处元代瓷器窖藏，出土了10件青花瓷和6件影青瓷。10件元青花同时出土，而且件件精美，这在当时绝对可以说是一项重大而惊艳的发现。其中有一件凤首扁壶，造型别致精美，装饰典雅生动，是一件从未见过的器物，在令人惊叹、赞美之余，也将人们对元青花的认识与欣赏带到了另一种高度和层次。

这件青花凤首扁壶，小侈口，尖圆唇，短直颈，器身为扁圆形，一侧为曲状短流，一侧为圆形柄，矮圈足。该器布满纹饰，颈部饰一周云雷纹，壶身上部绘一展翅飞翔的鸾凤，流装饰成昂起的凤首，柄作卷曲的凤尾，壶身下部画缠枝牡丹纹，圈足外壁饰一周垂莲纹。足底的砂胎上挂一层很薄的护胎釉。这件扁壶造型独特而生动，色彩鲜艳而清新，只可惜缺失了壶盖。从整体上看，这件青花扁壶将造型与纹饰巧妙地结合在了一起，达到了立体与平面的完美统一。瓷壶以短流为凤首，以壶体为凤身，以曲柄为凤尾，用鸾凤的形象将器物的三个部分自然地衔接、充分地融合在一起；同时扁壶的形制也赋予了鸾凤一种丰满、动感、鲜活的状态，体现了功能与艺术、实用与审美的完美结合，确是一件不可多得的艺术珍品。另外，凤与龙一样，都是元朝政府禁止民间私造的纹饰，有着严格的规定和明确的限制。因此，这件超凡脱俗的凤首扁壶一定是元朝官府作坊烧造的产品，代表着拥有者非同寻常的身份与地位。

元代丝路上的青花瓷

青花瓷是指用钴料（呈色剂）在白瓷胎上描绘图案纹饰，然后施一层透明釉，在高温中一次烧成的釉下彩瓷。青花瓷早在唐代就已经开始烧造。不过，在唐、宋时期，青花瓷并没能从青瓷、白瓷占据主导的格局中脱颖而出，一直处于默默无闻的状态。到了元代，景德镇生产的青花瓷异军突起，创造了青花瓷器史上的第一个高峰，在陶瓷史上具有非常重要的地位。成熟的元青花，直接开启了明清时期青花瓷器的广泛盛行与持续繁荣。

现在，一提及元青花，绝对会令人怦然心动，浮想联翩。但是相对于其他种类的瓷器来说，人们对元青花的了解、接受、重视和追捧要晚得多。1929年，英国人霍布逊发表《明以前的青花瓷》一文，介绍了收藏在英国大维德基金会带有至正十一年（1351）年款题记的青花云龙纹象耳瓶，但并未进行深入、广泛的研究，也没能引起人们的共鸣。20世纪50年代，美国学者波普博士以这两件青花云龙纹象耳瓶为依据，对照伊朗阿德比尔寺和土耳其托普卡比博物馆的收藏，开始对元青花进行真正意义上的研究。由于此瓶带有明确纪年，他便以之为标准器，把这一类的青花瓷器称作“至正型”，这是后世学者首次把元青花从传世的大批青花瓷中分离出来，并为进一步广泛、深入地辨认、研究元青花器物提出了坚实的根据。“一石激起千层浪”，由此引发了世界范围内人们对元青花的进一步研究。20世纪70年代，中国学者也开始重视对元青花的研究，而青花凤首扁壶恰在1970年出土。不难想象，青花凤首扁壶的出现，带给世人的惊喜是多么巨大。

随着人们对元青花的认同不断加强，其身价也不断增长。元青花人物故事梅瓶“萧何月下追韩信”出土于明代开国功臣沐英的墓葬之中，后来成为南京博物院的镇院之宝。2006年出土于钟祥市明代郢靖王墓葬中的元青花四爱图梅瓶成为湖北省博物馆的四大镇馆之宝之一。2005年7月13日，在英国佳士得公司拍卖会上，元青花鬼谷下山图大罐以1568.8万英镑（折合人民币2.3亿元、美元2770万元）的高价成交，创下了佳士得公司亚洲艺术品拍卖的最高成交纪录，也创造了元青花拍卖的最高纪录，至今仍旧令人艳羡不已。今后还会有更多的元青花器被发现、被收藏，而作为首都博物馆镇馆之宝的这件青花凤首扁壶仍旧会以其独特的魅力吸引着人们。

无独有偶，在北京出土这件青花扁壶28年后，在距离北京3000多千米外的新疆伊犁哈萨克自治州霍城县芦草沟镇西宁庄村也出土了一件形制、纹饰、色调与之基本相同的青花凤首扁壶。这件青花扁壶的出土地点，在蒙元时期称为“阿力麻里”，是蒙古四大汗国之一的察合台汗国的王庭所在地，有着“中亚乐园”的美誉，也是一个可与号称“汗巴里”的元大都相媲美的中心城市。2009年，首都博物馆举办“青花的记忆——元代青花瓷文化展”时，这两件青花凤首扁壶共处一堂，交相辉映，相映成趣。可以说，这是两件青花器物约700年前自景德镇一别之后的首次聚首，不禁令人想起“凤凰于飞，和鸣锵锵”的美好场景。

084 饮誉中外的戏剧艺术

国家宝藏

元杂剧壁画

年　代：元，公元 1206—1368 年

尺　寸：高 4.11 米，宽 3.11 米

收藏地：山西省洪洞县明应王殿

【引言】戏曲艺术，是中国独特的戏剧形式，是中华艺苑中一株色彩艳丽的奇葩。中国的戏曲历史悠久，如果从已具备构成戏剧的因素——两个以上的人物，存在矛盾冲突，形成情节，在一定时间、一定场所表演给观众看——来考察，它始自先秦时期；如果从融合唱、念、做、打诸艺术因素而构成一种特殊的戏剧样式——戏曲来看，则通常认为形成于宋金时期。随着戏曲艺术的不断发展，到了元明清三朝，相继出现了元杂剧、明清传奇和地方戏兴盛的局面，充分说明戏曲已进入成熟阶段，也就是繁荣发展时期。尤其是元杂剧，具有明显的标志作用，如同王国维先生所说："而论真正之戏曲，不能不从元杂剧始也。"

中国古代戏曲的成熟

元杂剧是融合曲词、歌舞、音乐、说唱、杂戏表演、舞台布置等为一体的综合艺术样式，是中国古代戏曲成熟的标志，也是中国戏曲发展史上的一个高峰。若对元杂剧还有点儿陌生的话，或许我们听说过"元曲四大家"——关汉卿、白朴、郑光祖和马致远，也就是元杂剧的四大创作名家。关汉卿的《窦娥冤》、马致远的《汉宫秋》、郑光祖的婚姻自由《倩女离魂》等，还有纪君祥的舍生取义《赵氏孤儿》、王实甫的终成眷属《西厢记》，悲可泣血捶膺，喜则令人深味，都是红极一时的剧本和演出，也是我们有所耳闻，甚至是津津乐道的故事。因此，元曲可与汉赋、唐诗、宋词相比肩，在元代的文学艺术中焕发出夺目的光彩，成为中国古代文学艺术宝库中的一朵奇葩。近代大学者王国维说过："凡一代有一代之文学：楚之骚、汉之赋、六代之骈语、唐之诗、宋之词、元之曲，皆所谓一代之文学，而后世莫能继焉者也。"由此可见元曲的地位和成就。

元杂剧是一种表演的艺术和活动，仅凭现存的少量的文字记载和舞台遗址，很难想象或者复原当时演出的具体场景。幸运的是，在山西省洪洞县明应王殿内，至今还保存着一幅表现元杂剧情景的壁画，并且这幅壁画的创作年代正处于元杂剧的兴盛时期。同时，这幅元杂剧壁画的所在地区——元代的平阳，正是元杂剧发展的重镇，也是元杂剧作家辈出的地方，为我们了解和认识元杂剧的演出提供了直观而真实的资料。

元杂剧演出场景的再现

明应王殿是明应王庙（俗称水神庙）的主殿，殿内供奉着当地霍泉水神明应王。明应王庙始建于唐代，元代曾两次重修，保存至今，可以说是历史悠久。明应王殿坐北朝南，殿内北部供奉着明应王像，四壁绘满了壁画，共计有六幅，风格一致，时代相同，它在内容上是中国现存寺庙宫观壁画之中唯一不以佛道为题材的孤例。其中，南壁东侧（也就是殿门的东侧）的壁画，就是著名的元杂剧壁画。

画面上方为楷体书写的横额“尧都见爱，大行散乐忠都秀在此作场，泰定元年四月日”。“尧都”，指明应王殿所在的平阳地区，因传说尧帝曾在此处建都而得名。“尧都见爱”就是在平阳地区广受欢迎。“大行”是“大行院”的简称，是指金、元时期称杂剧或院本艺人居住的地方，也指演杂剧或院本的艺人。“散乐”，即我们所说的杂剧。“忠都秀”应该是演员中的主角——通俗地说就是戏班的台柱子的姓名。这一个横额，将内容、人物、地点、时间等主要情况都交代得非常清楚。

画中绘演员与司乐等共计十一人，其中四名女性、七位男性；分列两排，前排五人，身着戏装，为演员；后排五人，身穿元人常服，是乐手，所持乐器有大鼓、笛、杖鼓、拍板等。画上部演员后面绘布幔，左边一名女子正掀开一角向外窥视。幔上又挂两幅画，左边画一持剑壮士，右边绘一青龙。第一排五人，全是由演员化装的剧中人，无疑是画面的重点。左起第一人，头戴软翅巾，身穿圆领青袍，腰系玉带，右手持宫扇。

左起第二人，头戴黑色攒顶，身穿镶边土黄色开襟长袍，绣花搭膊，布袜，黄色单梁鞋，袒露胸部，以左手指居中者，右手作势，若有所托持，其面相作浓眉，白色眼圈，戴黑色连鬓假须，露嘴。左起第三人，头戴展脚幞头，身穿圆领大袖的红袍，手持笏板，足蹬乌靴，仅露靴尖，面容清秀，微髭。两耳戴有金环，说明其为女性扮演。其位置在第一排居中，也许就是横额所题的主要演员“忠都秀”，是重中之重。左起第四人，所戴与东坡巾近似，但脑后有软翅，身穿淡青色镶边长袍，叉手，面相作扫帚眉，眼眉之间略勾白粉，两眉各勾三笔墨色，也是夸张滑稽，戴露着嘴的苍色假须。左起第五人，头戴东坡巾，身穿圆领淡黄袍，右手放置腹前，左手持长柄刀，与左起第四人都为女性所扮饰。这幅壁画，色彩绚丽多姿、技法精妙、风格高超，不仅体现了元代绘画的高超水平，也是元杂剧演出的珍贵形象资料。

085 元代的流通纸币

国家宝藏

至元通行宝钞

年　代：元，公元 1206—1368 年
尺　寸：纵 31 厘米，横 21.8 厘米
材　质：桑皮纸
出土地：1959 年在西藏自治区日喀则市萨迦县萨迦寺内发现
收藏地：中国国家博物馆

【引言】中国货币至今已有几千年的历史，它是中国璀璨文化的重要标志之一。纵观中国古代货币发展史，就其主体而论，可以分为三大发展阶段，即物品货币阶段、金属铸币阶段和纸币阶段。殷商以前是物品货币阶段，货币的主体是可用于交换的实物，如牛、羊、布帛、珠玉、龟贝等，它的最高阶段是海贝。殷商至北宋为金属铸币阶段，货币的主体是金属钱币，它的最高形态是方孔圜钱，其中五铢钱是中国历史上使用最久、最成功的钱币，唐宋钱币绝大多数都是年号钱。宋、元、明、清四朝为纸币由产生到逐步完善的阶段。元朝政府首次实行全国统一的纸币制度，对中国纸币的发展产生了深远的影响。

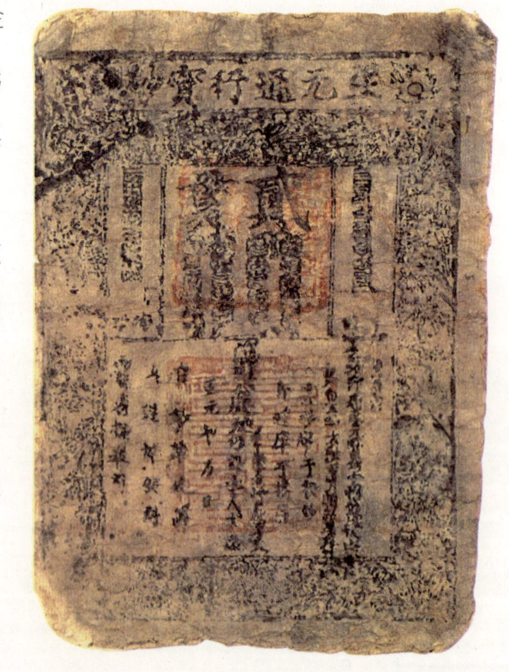

纸币溯源

纸币是当今世界各国普遍使用的货币形式，是我们天天见、天天用，是人们最为熟悉不过的物品了。中国是世界上最早使用纸币的国家，拥有着纸币的“发明权”。早在10世纪末，四川民间就已经出现了最早的纸币——交子，由一些被称作交子铺或者交子户的大商家经营。到了宋仁宗天圣元年（1023）十一月，政府设立了专门机构管理交子的发行事宜，从此纸币作为官方货币的重要形式为以后历代所采用。交子之后，北宋、南宋官方政府又先后发行过钱引、会子、关子等纸币。同时代的金朝受到宋朝的影响也发行了交钞，以及“贞祐宝券”“贞祐通宝”“兴定宝泉”“元光重宝”等多种纸币。蒙元时期，许多典章制度沿袭金制，纸币制度也被继承下来。特别是在元世祖忽必烈在位期间，将纸币的发行权完全收归中央，元世祖于中统元年（1260）七月印行了“中统元宝交钞”，十月，又发行了“中统元宝钞”，使政府发行的纸币成为唯一合法货币，实现了纸币制度的统一。至元二十四年（1287），元朝政府又发行了“至元通行宝钞”。中统钞、至元钞与后来元顺帝至正十年（1350）发行的“至正中统交钞”是元朝历史上最重要的三种纸币。其中，又以“至元通行宝钞”使用时间最长，也是在流通中最主要、影响力最广泛的货币。总体来讲，元代是中国历史上纸币空前盛行时期，发行数量之多，流通范围之广，远远超过了宋、金两朝。从世界范围来看，元钞是世界上最早行用的纯纸币，并有着相当完备的纯纸币流通制度，这在世界货币史上具有重要的意义与影响。

中国皇帝的“点金术”

在中国国家博物馆收藏有一块印制“至元通行宝钞”所用的钞版。这件钞版为长方形，正面是文字和纹饰，背面有四足，应该是印刷时固定钞版用的。因为要在版面上用墨印

成宝钞，所以钞版上所有文字与纹路都是反的。在钞版的最上方，有一横格，内有正楷“至元通行宝钞”六字，两边饰以火焰宝珠。格下版面四边为缠龙纹饰，中间用一道横线分为上、下两部分，上部中央横书“贰贯”二字，字下有两贯钱纹，每贯各由两叠五百文串起。左右则分别刻有八思巴文译写汉文的“至元宝钞”“诸路通行”，文下则各是汉字“字料”“字号”。版面下部则是十行汉字，内容文字排列如下：

尚书省奏准印造至元宝钞，宣课差发内并行收受，不限年月。诸路通行宝钞库子攒司、印造库子攒司。首告者赏银五定（锭），伪造者处死，仍给犯人家产。至元年月日。宝钞库使副。印造库使副。尚书省提举司。

“至元通行宝钞”的面值共分十一等，由五文至二贯。按发行时政府的规定，至元钞一贯值中统钞五贯。至元宝钞主要以白银为钞本——准备金，为了使其币值稳定，元政府将金银集中于国库，金银买卖皆由官方控制，禁止民间使用金银、铜钱，并禁止金银、铜钱出口。这些措施与近现代的纸币制度已经非常接近，可以说，作为一种货币制度，纸币在元代已经发展得非常完善了。元钞的用纸是由专门作坊制造的特种纸，以桑树皮为主料，添加适量的棉、麻植物纤维制成，也称桑皮纸。元钞的纸质厚阔柔韧，耐磨耐水耐腐蚀，缺点则是颜色暗淡发灰黑色，如果印墨及印制技术稍稍掌握不好，钞券就会字迹、图案模糊不清，无法使用。蒙元帝国是一个具有世界性的帝国，疆域广大，地域辽阔，横跨欧亚，沟通东西。在其极盛时，中国纸币曾北穷朔漠，西贯中亚，通行无阻，有些欧洲人来到东方，都以惊异的眼光看待这一事实。如著名的威尼斯商人、中世纪四大旅行家之一的马可·波罗说：“大汗国中商人所至之处，用此纸币以给赏用，以购商物，以取其货物之售价，竟与纯金无别。”他甚至把发行纸币一事，看作是中国皇帝的“点金术”。

第九章

封建王朝的最后辉煌

明清时期历时近六百年，是我国封建社会的最后发展阶段，明清文化上承中古，下启近代，推陈出新，特点鲜明，正如著名历史学家、武汉大学冯天瑜教授所指出的：明清时期是中国古典文化的总汇期，又是继周秦之际以后中国历史上第二个转折的前夜及初期，面临千年未有之变局，古今激荡、中西交会，内容丰富、系统复杂的明清文化，作为中国文化的近古时期而值得特别关注。与其在中国历史总进程中所处的阶段相适应，明清文化首先具有集历代之大成的时代特征，取得了许多总结性的突出成就，如《永乐大典》《古今图书集成》《四库全书》等，对中国文化史做出重大贡献。明清学术上，在古籍训诂考订方面取得巨大成就，尤其是以戴震、惠栋为代表的乾嘉学派，对中国文化做了总体性的、探索规律的研究，考究诸子、历史、地理、天文历法、音律、典章制度，成绩卓著、令人瞩目。另一方面，明清文化已经进入西学东渐、中西文化交会的初级阶段：明末清初利玛窦、汤若望等欧洲耶稣会士的东来，让中国人第一次直接了解到近代早期西方文化，初步显示出近代科学思维的风貌。

086 郑和下西洋带来的契机

青花海水纹香炉

年　代：明永乐，公元 1403—1424 年
尺　寸：高 55.5 厘米，口径 37.3 厘米，足距 38 厘米
材　质：瓷
收藏地：北京故宫博物院

【引言】翻开明代历史，自开国的明太祖朱元璋以下，后继者中以丰功伟绩而彪炳史册者，首屈一指的当推明成祖朱棣、大名鼎鼎的永乐大帝。明成祖，年号永乐（1403—1424），在位 22 年。他即位后，励精图治、奋发有为，迁都北京，亲征漠北，社会经济进一步发展，全国统一形势也得到进一步巩固，明朝国力达到鼎盛，百姓安居乐业。郑和下西洋、编纂中国古代类书之冠《永乐大典》等一系列重大历史事件都发生在这一时期。

永乐年间遗存的重器

故宫博物院所藏此件青花大香炉，阔口、短颈、鼓腹，下承以三象腿形足，肩部置两朝天耳；内施白釉，外壁通体绘海水江崖纹。此炉与青海省博物馆藏“大明永乐年制”款铜炉器形相似，但其形体硕大，青花色泽浓艳，晕散明显，凝结的黑斑密布于纹饰中，纹饰则寓意江山永固。能够烧造出如此结构雄浑、纹饰精美的重型瓷器，一方面反映出当时景德镇窑工高超的制瓷技艺，另一方面也彰显了永乐时期明朝强盛的国力。

青花海水纹香炉是明代永乐时期景德镇御窑厂生产的官窑瓷器，传世仅两件，分别收藏在北京故宫博物院和南京博物院。据研究人员推测，当时御窑厂

先后烧制了三件款式相同的青花寿山福海纹香炉，一件因其烧成后炉身变形被打碎埋于地下，另两件送入宫廷。值得一提的是，海水纹在元代瓷器上已不鲜见，但到明初永乐、宣德时期海水纹有进一步发展。以此炉为例，通常有起伏相叠的波浪及涌起的浪花，其装饰性较元代大大加强。当然，海水纹饰的流行一时，自然是与自永乐年间开始的郑和七下西洋、宣扬大明国威于海外诸邦的世界航海史上的空前壮举有密切关系。

独领风骚的永乐朝青花瓷

从中国的瓷器发展史上来看，虽然唐三彩出现过少部分蓝釉，但是元代以前蓝色的釉彩并没有占据主流。由此可以推论，此种蓝色并不是从一开始就被中原汉人所接受。元朝景德镇烧制青花瓷的主要目的是向西亚和中东地区出口。有学者认为这种白地蓝花的瓷器的生产是为了迎合穆斯林的审美风格。永乐时期景德镇青花瓷继承了元代青花瓷的色彩，烧成后的颜色特别浓艳，一改洪武时期青花瓷器青花发色灰暗的缺点，形成了独特的永乐风格。郑和下西洋带去大量的瓷器，其中包括青花瓷，永乐青花以其独特的风格受到西方市场的青睐。

关于永乐时期青花瓷的颜料，有“苏麻离青”“苏勃泥”“苏泥勃”等说法。从文献上看来因为语音相近，大都认为“苏勃泥”或“苏泥勃”盖是从“苏麻离青”一名演绎而来。也有学者通过科技手段对几种青料做了分析，认为“苏麻离青”和“苏勃泥”是两种不同的青料，前者来源于西亚波斯地区，主要是元青花和永乐青花的颜料，后者又称“回回青”，是明宣德后期青花瓷使用的颜料。对于“苏麻离青”具体的产地，学界还没有统一的认识，但这一青料来源于国外是不争的事实。

中国的海外贸易在宋、元时期比较发达，而到了明洪武时期突然开始厉行海禁。到了永乐时期，社会稳定、国力强盛，明成祖对周边国家采取了积极的政策。从永乐三年（1405）开始，一直到永乐二十二年（1427），在这19年间，明朝先后七次派出郑和率领贸易船队出使“西洋”和“南洋”地区的各个国家。这使得明初期中断的海外贸易再次接续起来，使得中国的茶叶、丝绸、瓷器等特产远销国外，同时也互通有无，进口货物中就包括了生产景德镇青花瓷的“苏麻离青”。而进口“苏麻离青”还有一条陆上通道，主要来自波斯地区。《明会典》和《明实录》中常有西域回夷进贡“苏麻离青”以供烧制御用青花瓷的记载。由此可见，明永乐时期青花瓷色泽浓艳的客观原因和物质保证就是这两条中外交流的通道。而主观原因主要是出口的需要，迎合国外地区的审美。

青花海水纹香炉底部

永乐青花瓷是中国青花瓷史上的重要发展阶段，以其胎釉精细、青花色泽浓艳、造型多样和纹饰优美而负盛名。这些都与当时王朝的兴盛息息相关，如果没有永乐时期对外贸易的蓬勃发展、中外文化的频繁交流、兼容并蓄的文化氛围、景德镇工匠的高超技法，永乐时期青花瓷不可能成为中国瓷器发展史上的一个里程碑。

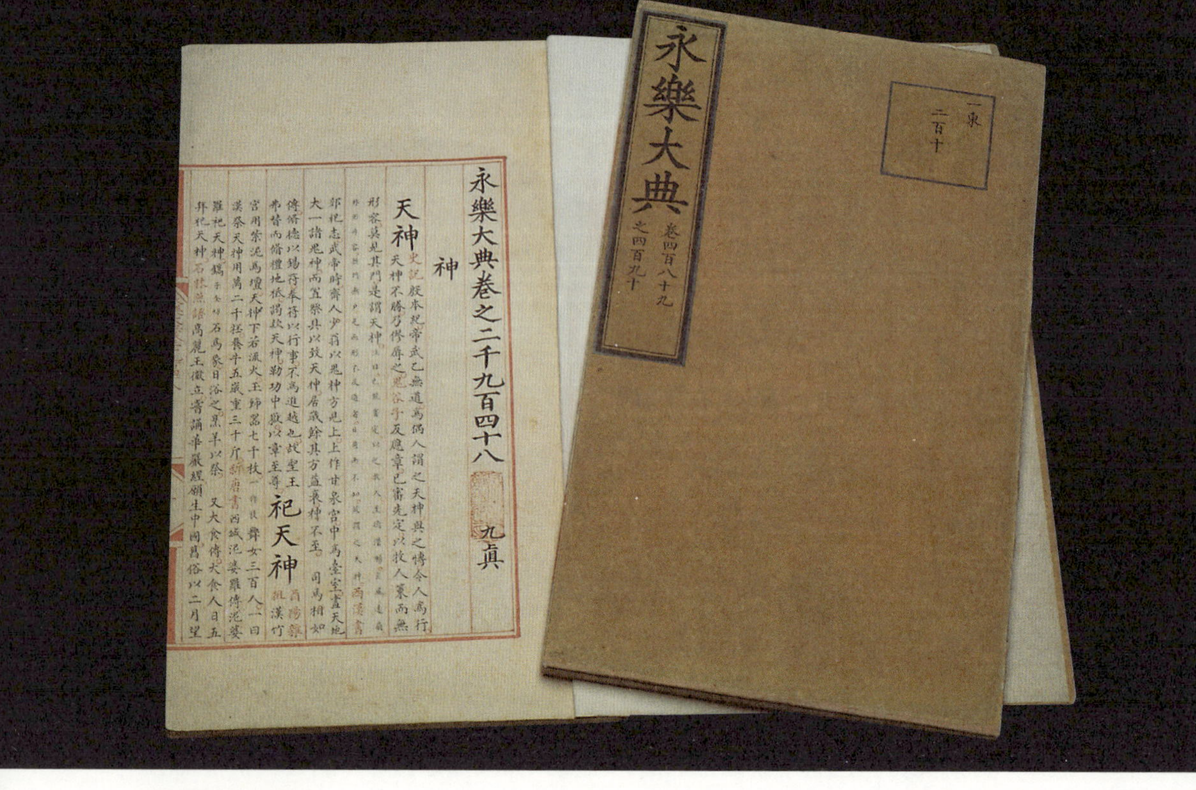

087 文化事业上的创举

国家宝藏

《永乐大典》

年　代：明永乐，公元 1403—1424 年
尺　寸：单册高 50.3 厘米，宽 30 厘米
材　质：纸本
收藏地：中国国家图书馆，中国台北故宫博物院

【引言】2003 年 10 月 10 日，中国档案文献遗产工程国家咨询委员会评审会在北京召开。在初选通过的 50 件（组）档案文献中，专家评定出 35 件（组）档案文献列入第二批中国档案文献遗产名录。其中，中国古代规模最大、最为成熟的类书《永乐大典》成功入围。按说，《永乐大典》是以图书的形式面世的，跟我们传统意义上的档案文献还是有所不同的。但是，《永乐大典》

从来没有刊印过，无论是“永乐正本”，还是“嘉靖副本”，都是抄本，严格地说属于图档，有图书的“形”，更有档案原始性的“质”。《永乐大典》的命运可谓跌宕起伏，它的运势其实就是明清两朝政治社会的一个缩影。

“世界有史以来最大的百科全书”

早在洪武二十一年（1388），明太祖朱元璋就想“编辑经史百家之言为《类要》”，但由于新朝初定百废待举，这个想法没有付诸实施。永乐元年（1403），明成祖朱棣认为“天下古今事物散载诸书，篇帙浩繁，不易检阅”，命令解缙等人组织儒士，编纂一部大型类书，并规定了编纂宗旨：“凡书契以来经史子集百家之书，至于天文、地志、阴阳、医卜、僧道、技艺之言，备辑于一书，毋厌浩繁！”大学士解缙接到明成祖的命令后，立即着手编辑此书，奉旨召集文士147人，夜以继日，第二年就完成了任务。明成祖赐书名《文献大成》，但是对书却极不满意，认为“所纂尚多未备”。于是又在永乐三年（1405）再命姚广孝、郑赐、刘季篪、解缙等人重修，并召集朝臣文士、四方宿学老儒2196人，分别担任编辑、校订、抄写、绘图、圈点等工作。为了编纂此书，明成祖允许编纂者调用皇家图书馆文渊阁的全部藏书，还派人到各地搜采图书，为编纂图书提供了充分的保障。

《永乐大典》的编排方式非常科学，全书总的体例是按照《洪武正韵》的韵目，按韵分列单字，每一个单字下注音韵训释，备录篆、隶、楷、草各种字体，再依次把有关天文、地理、人事、名物以及奇文异见、诗文词曲，随字收载。也就是以“用韵以统字，用字以系事”的编辑方法，汇集了上自先秦、下讫明初以来书籍中的有关资料整段或整篇，甚至整部抄录。据不完全统计，当时辑录的图书包括经、史、子、集、释藏、道经、北剧、南戏、平话、工

技、农艺、医学等各种类型，多达八千余种。《永乐大典》收录了许多后世已经残缺或佚失的珍贵书籍，如《薛仁贵征辽事略》、宋本《水经注》等，其所征引的材料，都是完整地抄录原文，许多宝贵的文献赖此保存原貌，因而人们称《永乐大典》为“辑佚明初以前珍本秘籍的宝库”。永乐五年（1407），辑录的成稿进呈朝廷，明成祖审阅后甚为满意，亲自为其撰写序言，并定名为《永乐大典》。接下来就是清抄，到第二年的冬天，全部工作正式完成。全书的规模可以说是空前的，共22877卷，目录60卷，分装11095册，约3.7亿字。这是中国历史上最大的一部百科全书，比《不列颠百科全书》成书年代早了300多年。

该书修成后，收藏于南京文渊阁。永乐十九年（1421），明成祖迁都北京，也将《永乐大典》运至北京，收藏在北京新宫里的文楼。《永乐大典》不仅篇幅巨大，收集广泛，而且缮写工整，书中正文全部用毛笔以楷书写成，每半页八行，大字占一行，小字抄成双行，每行二十八个字。另外，书中插图精美，山川地形皆以白描手法绘制，形态逼真，书为硬裱书面，由粗黄布包着，典雅庄重，被誉为有史以来世界上罕见的珍品。

《永乐大典》的流散

《永乐大典》的命运颇具戏剧色彩。可惜不是喜剧，而是悲剧，更是闹剧。可以说，它的厄运比明王朝的

厄运来得更快，更持久，更离奇。首先是“永乐正本”下落不明。许多人猜测它毁于明亡之际的战乱，但史籍没有确切记载，所以正本的去向成了千古之谜。

也有学者提出，“永乐正本”极有可能随嘉靖皇帝葬在永陵，理由是：一、嘉靖皇帝沉溺炼丹术，生前视《永乐大典》为至宝，死后随葬可能是早已做好的安排。二、当时嘉靖皇帝下令重录副本时，嘉靖最器重的文官徐阶向他奏明，重录只能“对本抄写”，工程浩大，不可能很快完成，嘉靖则强调“重录”是为“两处收藏”，“以备不虞”，必须加紧完成。4年后，嘉靖驾崩，3个月后下葬。葬礼刚刚完毕，隆庆皇帝就宣布《永乐大典》已抄成，并重赏抄录的众臣。也就从此时起，正本便神秘地失踪了。嘉靖的葬礼跟《永乐大典》正本的失踪时间如此巧合，同时一反皇家修典必大肆宣传典藏何处以及在官修书目中著录的做法，使人浮想联翩。

相对正本失踪而言，“嘉靖副本”的命运更加跌宕。清雍正年间，“嘉靖副本”由皇史宬移藏翰林院。至乾隆年间为编修《四库全书》，朝廷要用“嘉靖副本”做参考，而此时，人们惊讶地发现，《永乐大典》居然缺失了2422卷，共计1000余册，只留下9000多册。原来，雍正年间翰林院的学士能够借阅《永乐大典》，还可以借回家阅读，许多人借后不还，再加上当时管理不严，许多太监也纷纷将《永乐大典》偷盗出宫去卖钱，以至“嘉靖副本”缺损严重。清道光之后，《永乐大典》更是束之高阁，蛛网尘封，鼠啮虫咬，翰林院的官员也趁机当了孔乙己，窃书不少。

在这种情况下，宫外的民间市场也开始关注流散的副本，外国收藏者也逐步介入，以十两银子一册的高价暗中收购，里应外合，更加剧了“嘉靖副本”的佚失。不过，跟后面的厄运相比，《永乐大典》在雍正至道光的100年间的遭遇只能算是“毛毛雨了”。咸丰十年（1860），英法联军

攻入北京，洗劫了翰林院，给《永乐大典》带来最大的劫难，有相当一部分被劫运到了英国，后藏于大英图书馆。到了光绪二十年（1894），总计11095册的《永乐大典》仅存800余册。光绪二十六年（1900），八国联军侵犯北京，烧杀抢掠，《永乐大典》再度遭遇劫难。当时，慈禧仓皇西逃，留下义和团跟八国联军展开激战，位于北京西交民巷的翰林院也沦为战场，珍藏《永乐大典》的敬一亭被毁，玉石俱焚，藏书四散。在激烈的巷战中，八国联军用质地厚实的《永乐大典》代替砖头，修筑防御工事，甚至用来垫马槽，或作为“上马石”。更有甚者，当侵略者的炮车陷入泥泞时，竟用《永乐大典》垫道。而对东方文化稍微了解一二、知道此书价值的侵略者，又乘机肆意抢掠。当时任英使馆官员的威尔在《庚子使馆被困记》中写道：“使馆中研究中国文学者，在火光中恣情拣选，抱之而奔。”一个叫翟理斯的官员，拿走卷13345中的一册，送给他父亲作为纪念品。英人莫利逊从废墟瓦砾中取走6册。劫掠之后，他们还扬扬自得地说：“将来中国遗失之文字，或在欧洲出现，亦一异事也。”经历了八国联军的洗劫，清政府收拾残局时，清理出残存的《永乐大典》64册，由京师图书馆收藏。

中华人民共和国成立以后，国内一些公私收藏家纷纷把自己珍藏多年的《永乐大典》零册捐献给国家。中国政府通过不懈努力，陆续从海外、民间收回一些散册。如20世纪50年代，苏联把沙俄和日本侵略者劫走的64册归还中国，德意志民主共和国也归还了3册。据统计，流失到海外的《永乐大典》现在散藏在日本、美国、德国、韩国、越南的机构或个人手中，再加上国内中国国家图书馆收藏的221册，上海图书馆收藏的1册，台湾收藏的60册，现存于世的《永乐大典》计约370余册。

《永乐大典》散册最近的一次发现是在1983年，有人写信向中国国家图书馆反映，称山东掖县一位农民家里存有一册《永乐大典》。专家立刻前去察看，确认这册《永乐大典》是真正的原本，书的纸张也是古代上等的皮纸。原来，这册古籍是作为这户农家女主人70年前的嫁妆陪嫁过来的，是女主人用来压图样的。那时的农村，做鞋要剪纸样，剪好的纸样还要压平整，而这册古籍不但书大而且平整厚实，用来压纸样真是物尽其用，再合适不过了。至于这册难得的国宝文献是如何流散到农家的，女主人也只说是祖上留下的。最终，这册《永乐大典》入藏国家图书馆。

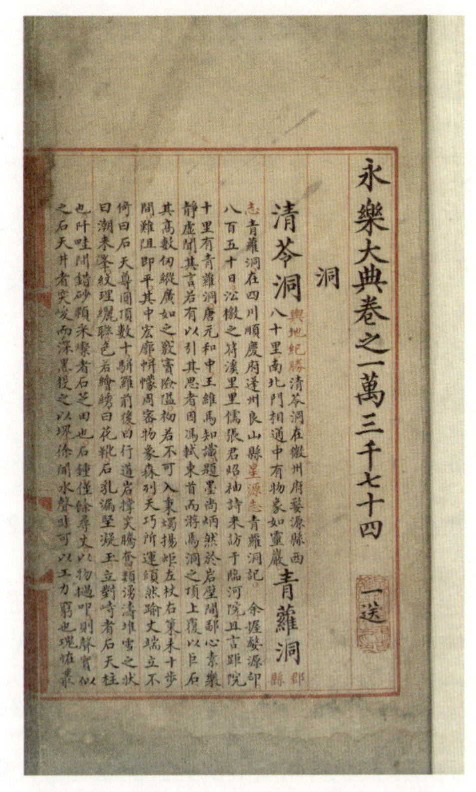

永樂大典卷之一萬三千七十四 一送

洞

清芩洞 輿地紀勝清芩洞在徽州府婺源縣西八十里南北門相通中有物象如靈巖 青蘿洞 郡縣志青蘿洞在四川順慶府蓬州良山縣 星源志青蘿洞記 余握婺源印八百五十日訟㪇之將溪里里儒張君昭袖詩來訪于臨河院且言距院十里有青蘿洞唐元和中王維馬知識題墨尚炳然於岩壁間鄙心素樂靜虛聞其言若有以引其思者因馮軾東首而游焉洞之頂上覆以巨石其高數仞縱廣如之豁賨險隘枘若不可入秉燭揚炬左杖右策未十步間雖阻即平其中宏廓恍懞周容物象森列天巧所運殞然踰丈端立不倚曰石天尊圓頂數十駢羅前後曰行道岩撑突騰奋類湧濤堆雪之狀曰潮來峯紋理縲聯色若繪綉曰花靴石乳漏堅凝玉立對峙者石天柱也卄哇開錯砂顆釆燦者石芝田也石鍾僅餘尋丈以物擿叩則聲實似之石天井者突竣而深黑投之以塊徐聞水聲非可以工力窮也瑰怪奇

《永乐大典》的价值

《永乐大典》在明代秘藏禁中，属于专供帝王御用之物。别说一般读书人，就是翰林院学士也难以有阅读的机会。尽管永乐之后，整个明代除了嘉靖皇帝因很荒诞的原因酷爱这套旷世大典之外，别的皇帝对明成祖的心血并不怎么上心。《永乐大典》的真正利用是从清代开始的，最早认识到这部典籍价值的是全祖望和李绂。清雍正年间，开三礼书局，他们破天荒地得到了阅读机会，发现其中许多是“世所未见之书”，“或可补人间之缺本，或可以正后世之伪书……不可谓非宇宙之鸿宝也”。他们于是相约，每日读20卷，把要辑的几种书标出来，另由4人抄写。由于卷帙浩繁，这项工作不是个人所能承担的，到第二年全祖望罢官回乡，这项工作无法继续下去，但他们已辑出王安石《周官新义》、田氏《学习蹊径》、高氏《春秋义宗》等10种典籍。清乾隆年间开四库全书馆时，安徽学政朱筠奏请"校《永乐大典》，择其中人不常见之书，辑之"，得到了乾隆皇帝的批准，并专门成立了"校勘《永乐大典》散篇办书处"，开始时人员为30人，后又增加9人，著名学者戴震、邵晋涵、周永年等参加了这项工作。到乾隆四十六年（1781），共辑出书籍：经部66种，史部41种，子部103种，集部175种，总计385种、4946卷。

值得一提的是，《永乐大典》有关宋、元的史料极为丰富，清人法式善说："苟欲考宋、元两朝制度文章，盖有取之不尽，用之不竭者焉。"这样的评价一点也不过分。如卷14620至卷14629收有《吏部条法》一书，这是一部有关宋代官吏铨叙、考绩制度的档案汇编，所记至南宋理宗一朝，可补《宋会要》修至宁宗朝为止的空缺。罗振玉曾据日人所藏《永乐大典》中的2卷《吏部条法》影印，并视为珍宝秘籍，现在还可据《永乐大典》再补辑7卷，这将更有利于我们对宋代职官制度的研究。而堪称一代宏典的《元经世大典》，虽《永乐大典》中仅存片段，亦可为研究元代典章制度者所取证。

当然，《永乐大典》作为中国古代规模最大、最为成熟的类书，其价值远远不止上面提到的几点。即便是现存的残卷，在中国古代文学、医学、语言、地理等方面也堪称丰富的宝藏。

088 一个酒杯引发的故事

国家宝藏

斗彩鸡缸杯

年代：明成化，公元 1465—1487 年

尺寸：高 3.4 厘米，口径 8.3 厘米，足径 4.3 厘米

材质：瓷

收藏地：北京故宫博物院

【引言】通览中国瓷器的发展史，宋代无疑是巅峰时期，名窑涌现，精品迭出。但这并不意味着后世瓷器就乏善可陈，降及明代，斗彩、五彩等新创烧品种争奇斗艳，其中不乏经典传世之作，而成化斗彩鸡缸杯就是其中的稀世名品。

价值连城的小小酒杯

北京故宫博物院所藏之成化斗彩鸡缸杯，杯敞口微撇，口下渐敛，平底，卧足。杯体小巧，轮廓柔韧，直中隐曲，曲中显直，呈现出端庄婉丽、清雅隽秀的风韵。杯外壁以牡丹湖石和兰草湖石将画面分成两组：一组绘雄鸡昂首傲视，一雌鸡与一小鸡在啄食一蜈蚣，另有两只小鸡玩逐；另一组绘一雄鸡引颈啼鸣，一雌鸡与三小鸡啄食一蜈蚣，画面形象生动，情趣盎然，一派初春景象。足底边一周无釉。底心青花双方栏内楷书“大明成化年制”双行六字款。此杯以新颖的造型、清新可人的装饰、精致的工艺备受赞赏，堪称明成化斗彩器之典型代表。其胎质洁白细腻，薄轻透体，白釉柔和莹润，表里如一；杯壁饰图与形体相配，疏朗而浑然有致；画面设色有釉下青花及釉上鲜红、叶绿、水绿、鹅黄、姜黄、黑等彩，运用了填彩、覆彩、染彩、点彩等技法，以青花勾线并平染湖石，以鲜红覆花朵，水绿覆叶片，鹅黄、姜黄填涂小鸡，又以红彩点鸡冠和羽翅，绿彩染坡地。施彩于浓淡之间，素雅、鲜丽兼而有之，有五代画师黄荃花鸟画的敷色之妙。整个画面神采奕奕，尽写生之趣。

成化一朝，斗彩鸡缸杯就已经身价不菲。万历年间，“神宗时尚食，御前有成化彩鸡缸杯一双，值钱十万”。时人沈德符在其《万历野获编》中称：“成窑酒杯，每对至博银百金。”到了后世，鸡缸杯更是受到了藏家们的狂热追捧，乃至有“宁存成窑，不苟富贵”之说。最近的一次公开拍卖是在2014年4月8日，玫茵堂珍藏明成化斗彩鸡缸杯在香港苏富比重要中国瓷器及工艺品春拍上，以2.8124亿港元成交价刷新中国瓷器世界拍卖纪录。

中国陶瓷史上的创举

“斗彩”一词，在瓷书中出现较晚，清中期《南窑笔记》中才见有“斗彩”之说，这是由于成化彩瓷制作工艺精湛，在明代就有很高身价。后人为赞美成化彩瓷，将釉下青花与釉上五彩互相争奇斗艳的这一品种称作“斗彩”，具有精美和珍贵的含义，它在中国及世界陶瓷史上占有特殊的地位。

斗彩属青花加彩类，成化斗彩为代表作，在20世纪80年代前，斗彩始烧于明代成化已成定论。1985年至2001年先后发现密藏在西藏萨迦寺的明宣德青花五彩鸳鸯莲塘碗、青花五彩鸳鸯莲塘高足碗，1988年11月景德镇御窑厂遗址出土了明宣德款青花五彩鸳鸯莲塘盘（残器），证实了成化斗彩是在宣德青花五彩的基础上发展起来的。

成化斗彩的装饰方法，主要分为两种：一种是填彩技法，用青花在瓷胎上勾出纹饰的轮廓线，罩上透明釉，烧成淡描青花瓷器，再在釉面青花双勾线内填以所需色彩，由一种到多种不等，而后再入炉烘烧制成。另一种是除填彩外兼用点彩、染彩和覆彩的方法装饰画面。用青花在瓷胎上勾出纹饰轮廓线的全体或主体，加上青花渲染的局部纹饰，罩上透明釉，经高温烧成青花瓷器，再在釉面上根据纹饰的设色需要，灵活运用不同的施彩方法，再经炉火烘烧而成，这类彩瓷的器表纹饰展开后，宛如一幅绘制精巧、色彩宜人的工笔绘画。

成化斗彩瓷器在外流散的非常少，大部分收藏在北京故宫和中国台北故宫博物院，约有四十多个品种，二百五十多件，是专为宫廷烧制的一种精美细瓷，为官窑上品，产量很少，非常难得。其在造型、纹饰、施彩等方面的制作技巧，都超越前代。直到今天它仍然是一朵鲜艳的奇葩，闪耀着异彩，有着迷人的艺术魅力。

089 明代皇帝的祭祖出巡大典

无款《出警图》和《入跸图》

年　代：明，公元 1368—1644 年

尺　寸：《出警图》纵 92.1 厘米，横 26013 厘米；《入跸图》纵 92.1 厘米，横 3003.6 厘米

材　质：绢本

收藏地：中国台北故宫博物院

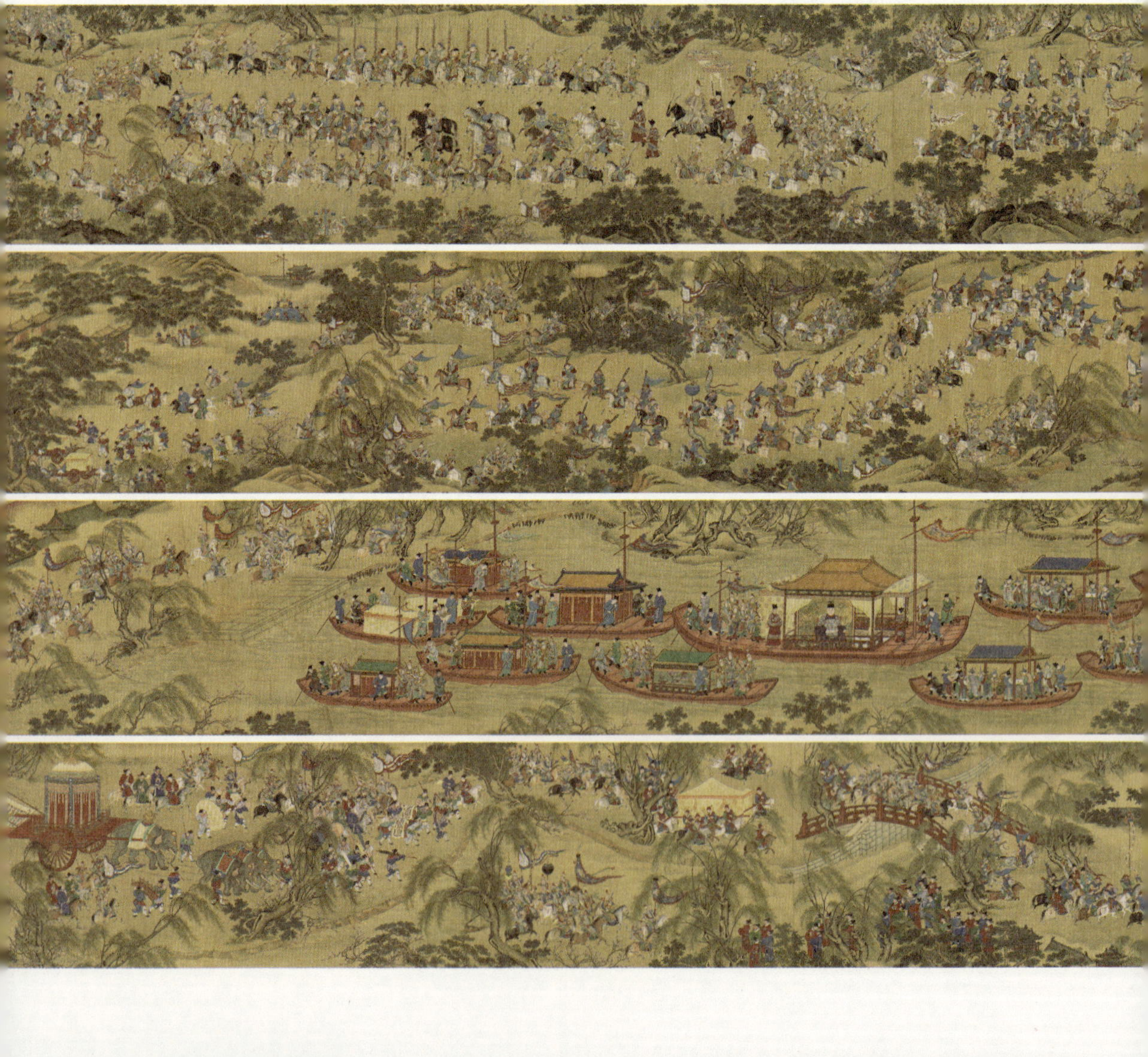

【引言】《出警图》（图片上两幅）和《入跸图》（图片下两幅）是明代宫廷绘画中颇值一提的作品，描绘的是素以深居简出、懈怠政务著称的明代皇帝（据考证系明神宗）出京谒陵的现实场景，人物众多、场面宏伟，是历代绘画作品中少见的超级巨作。通过这两幅作品，后人不但可以一窥明朝皇帝的“真面目”，而且对于研究明代皇家仪卫制度、祭祀礼仪、官员服饰、车驾卤簿等均有重要价值。

明代宫廷画家的杰作

《出警图》和《入跸图》中的皇帝到底是哪一位，作品没有明确交代，但很多专家撰文分析，画面主角应该是明神宗万历皇帝，且画面中皇帝相貌与北京故宫博物院所藏明神宗万历帝画像也比较吻合。虽然画面主角到底是哪位皇帝并不重要，但两幅长卷中所展现的大量绚丽精致的服饰、车舆、仪仗等，却是明朝皇家和国家实力的体现。故诞生于这个历史时期的巨幅长卷，就具备了几分皇家威仪，成为当时国家景象的一个缩影和写照。这两幅作品的表现形式，是极为工整绚丽的，画面对每一个形象和细节都不惜笔墨，从皇帝到各级官吏再到普通士卒，每一个人物形象都描绘工整、线条清晰、服饰纹理生动到位、渲染细腻，马匹、大象等动物和仪仗也都生动形象。当然，作为皇家和官方的一种表达方式，《出警图》和《入跸图》自然也有一些程式化、套路化的表现形式，如描绘尊者（皇帝）的人物比例明显要大于周围侍从和官员士卒，对官员士卒的服饰装扮的描绘要更多于对人物神情的刻画。除了皇帝和重要人物外，绝大多数人都没有在历史上留下姓名，不足以从描绘的画面中一一对应当时历史中的各个鲜活人物，但两幅长卷中各个人物的相貌都不相同，神态也因个人身份和姿态而有所变化，反映出作者仍在尽力还原生活、表现实际。同时，两幅长卷中皇帝的神态也因其本人处于不同姿态和状态下（骑马和坐船）而有细节变化，表现了作者驾驭笔墨的高超能力。另外，这两幅长卷画面构图平衡、主次鲜明，色彩绚丽却不凌乱，展现了当时明代中国上层社会的豪华气象，具有艺术和历史文献双重价值。

明代皇家祭祖大典的真实再现

《出警图》和《入跸图》描绘的是一支庞大的皇家谒陵队伍，由北京城德胜门出发，作者沿途铺设盛大的卫仪阵容，直至皇帝谒陵的目的地——离京城45

千米外的天寿山——这里是明朝历代皇帝的陵寝所在，也就是今天的十三陵。《出警图》与《入跸图》虽是各自分开的两幅长卷，但是所绘的却同是扫墓、巡视的过程，区别仅在于《出警图》绘皇帝骑马、由陆路出京，而《入跸图》则画皇帝坐船，走水路还宫，因而通常被合称为《出警入跸图》。明代皇室谒陵出发、抵达、返回的整个时空历程都被浓缩于这两幅长卷之中，人物众多，场面宏伟，皇帝一出一入，相互呼应，气势壮观。它们是台北故宫博物院所藏手卷画作中尺幅最长的两幅。

这两幅作品，均未署作者姓名，不过可以确定的是，任何一位画师的一己之力都太过微薄，如此惊世巨作必定是出自当时许多宫廷画师的合力创作。整个画卷构图简洁明快，文武百官队列整齐，仪仗侍卫井然有序，衬以桃红柳绿、郊野春景之自然景色。《出警图》自右而左，人马行列路上行进，队伍整齐，前后导从，秩序井然；《入跸图》则自左而右，循水路而归，车辂仪仗以及大部分之羽林军士不能乘船者，则傍岸而行。全卷绘画，中规中矩，一丝不苟，体现了明代宫廷绘画的高超技艺。

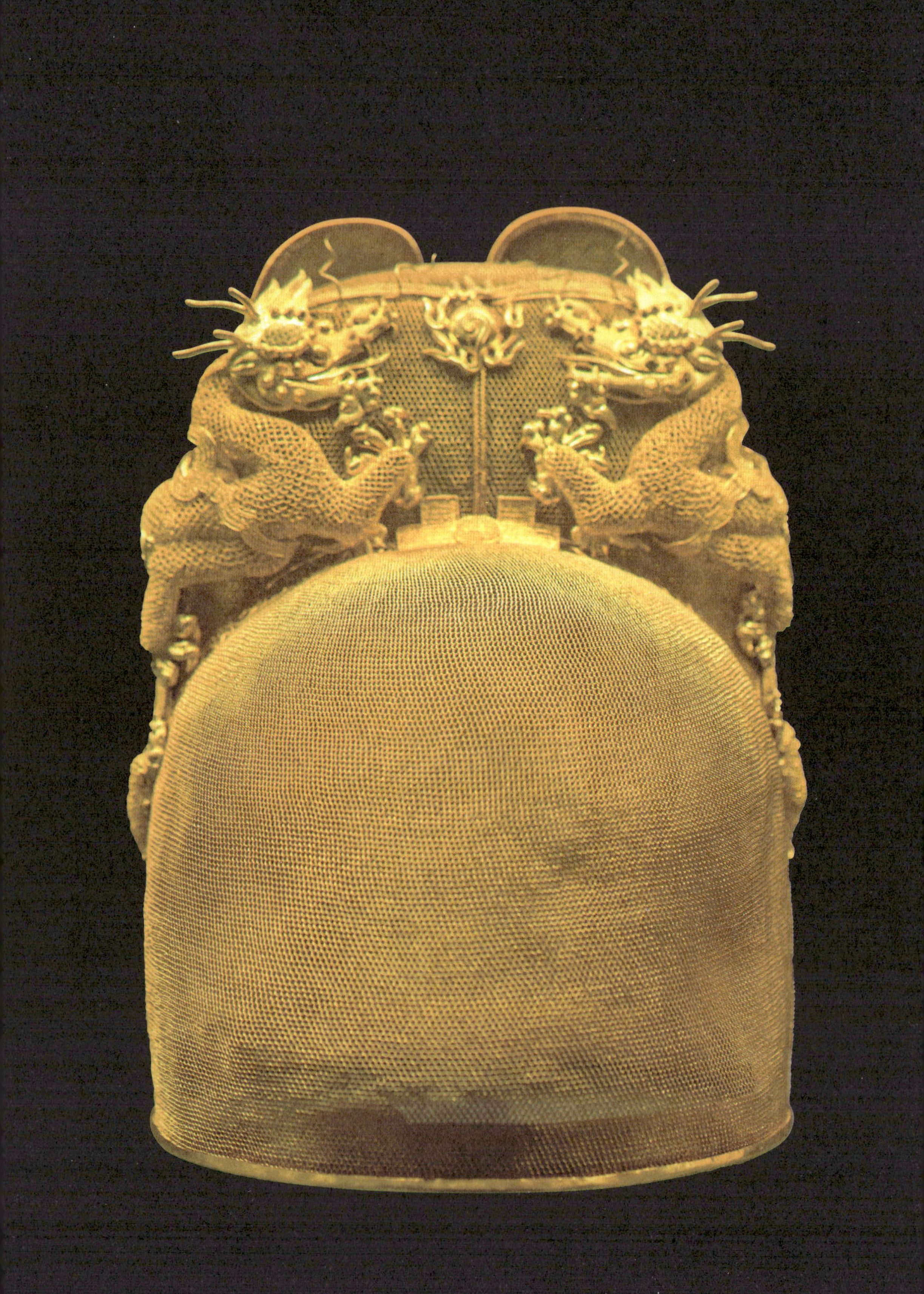

090 大明天子的服饰

国家宝藏

金丝翼善冠

年　代：明万历年间，公元 1573—1620 年
尺　寸：通高 24 厘米，冠口径 20.5 厘米，重 826 克
材　质：金
出土地：1957 年北京市明十三陵定陵地宫出土
收藏地：定陵博物馆

【引言】明定陵是明神宗朱翊钧（年号万历）与其两个皇后（孝端王皇后、孝靖王皇后）合葬的陵墓，坐落在长陵西南方的大峪山下，其主要建筑有祾恩门、祾恩殿、宝城、明楼和地下宫殿等，占地约 182000 平方米，是明十三陵中唯一一座被发掘了的陵墓。

明定陵的考古发掘

1956年至1957年，中国考古工作者对明定陵地宫进行了考古发掘，此后有关部门又对出土文物进行修整，并修葺地上古建筑，1959年就原址建为定陵博物馆。

考古人员进入地宫时，见到神宗、孝端、孝靖一帝二后的棺椁被安放在汉白玉宝床上；由于年深日久，三具棺椁均已出现不同程度的糟朽坍塌情况。现场清理发现：孝端皇后尸身上盖缎被，下铺一床织金缎被，再往下有四层褥垫，其中一层褥垫上缀着100枚“消灾延寿”金钱。孝端皇后头戴黑纱尖形棕帽，装饰着金簪，上身穿绣龙方补黄绸夹衣，下身穿黄色缠枝莲花缎夹裤，足蹬黄缎鞋，腰间系着绣云龙纹长裙。孝靖皇后棺内出土了一件罗地洒线绣百子衣，图案优

美，极富感染力，升龙、行龙左右盘绕，龙身四周饰以云水，极其威严。在前后襟与衣袖上共绣有100个活泼童子，姿态各异，或读书，或出游，或沐浴，不一而足。周围饰金银锭、方胜、古钱、犀角等八宝，还有以梅花、荷花、桃花、菊花、山茶等花卉组成的春、夏、秋、冬图案，蕴含“子孙万代，多福多寿”的寓意。神宗的棺椁内则塞满了各种陪葬品，最上层盖的是织锦被，被下放着袍服和织锦匹料，尸身的下面垫着一床锦被，被下还有9层被褥，其中一床被褥上缀着17枚“吉祥如意”金钱。神宗头戴乌纱翼善冠，身穿刺绣衮服，腰系玉带，下身穿黄素绫裤，足蹬红素缎高绣靴。神宗头侧圆盒内发现金丝翼善冠一顶，用极细的金丝编织堆垒出二龙戏珠图案，孔眼细小而均匀，造型生动活泼。如此繁复的制作，外表却不露丝毫接头，体现出高超的手工技艺。

经过仔细清理分类，三具棺椁共发现各种珍贵金器数百件，其中以帝、后的金冠最为精美；各种袍料、匹料和服饰用品达600多件，其中尤以皇帝的缂丝十二章衮服龙袍和皇后的罗地洒线绣百子衣最为珍贵。整个定陵地下宫殿出土了各类器物3000多件，其中有金器、银器、玉器、珠宝、金冠、凤冠、兖服、冕旒、百子衣等。明定陵的考古发掘，为明史研究提供了重要的实物资料，其地宫结构堪称明代皇陵规制的代表。

明代宫廷金银器制作花丝工艺的登峰造极之作

翼善冠作为古代冠服的一种，由来已久。这种形制的冠源于“折上巾”，相传始于北周武帝时，到唐初才定型。明朝建立后，翼善冠被定为皇帝常服之一，同时也是太子及亲王、郡王之常服。

由于皇家冠服是彰显帝后威严的饰物，所以历来做工特别精细，这顶金丝翼善冠的制作就采用了拉丝、搓花丝、掐丝、累丝、编丝、填丝、錾雕、焊接等多种工艺制成，而且技艺精湛、技法纯熟。金冠包括前屋、后山（分前、后两片）

和金折角三部分。前屋部分是用518根直径为0.2毫米的细金丝以“灯笼空儿”花纹编织而成，编结难度很大，技术要求很高。孔眼匀称，找不到编织的来龙去脉，没有接头断丝的破绽。后山饰以双龙戏珠，二龙昂首相对，中间嵌一火珠，龙足有屈有伸，造型生动、气势雄浑。两条金龙做工极其考究，龙身上的龙鳞多达8400余片，都是用累丝焊接法一点一点焊接而成的，需要先精心码好，再小心翼翼地焊上。花丝在焊接时，必须由经验丰富的高手看准火候、手疾眼快地操作完成。这么繁复的焊接工艺，放眼望去却看不到焊接之处，足见明代累丝焊接工艺已经达到了炉火纯青、登峰造极的地步。

龙头的錾刻更是精妙绝伦，其头部凹凸不平，口、鼻、眼、耳、须、发全部錾刻而成，非常生动；特别是龙头上的发纹清晰均匀如同工笔画一般，錾技娴熟，飘洒自如。

金银制作中的花丝既是成型工艺，也是装饰工艺，其发展早期多用作装饰，随着技艺的成熟则更多地服务于造型。由于工艺特点，其所用的金银材料成色普遍较高，其表现手法有掐、攒、填、焊、堆、垒、织、编等。进入明代，花丝制作迎来了第一个艺术高峰，花丝的造型能力得到极大发展。这既有元代的积淀，也有明匠的钻研，更重要的因素是明统治者对花丝的青睐。在明内府广泛制作和长期颁赐的官样饰品中，金凤簪、金八宝镯、头面各色簪钗等多以花丝制作，这样的需求不仅督促工匠始终保持较高的制作水平，同时也促进了技艺的流传。

明中后期，花丝中的编结技法发展到极致，而其经典代表作便是享有盛誉的万历帝金丝翼善冠。这顶金冠是明代细金工艺中的巅峰之作，同时也是迄今为止中国现存的唯一一顶帝王金冠，堪称国宝。

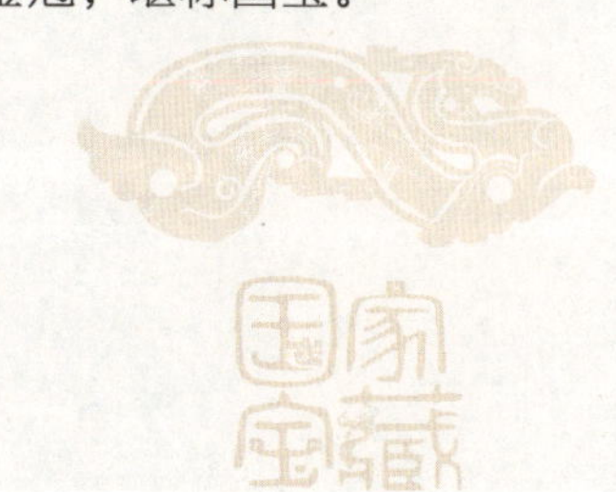

091 风花雪月之外的文人生活

唐寅《事茗图》

年　代：明，公元 1368—1644 年

尺　寸：纵 31.1 厘米，横 105.8 厘米

材　质：纸本

收藏地：北京故宫博物院

【引言】唐寅（1470—1523），字伯虎，一字子畏，号六如居士、桃花庵主、逃禅仙吏等，南直隶苏州府吴县（今江苏苏州）人。他不仅以诗文擅名，其画名更著，与沈周、文徵明、仇英并称“吴门四家”。他是明代文化艺术史上举足轻重的人物之一，享有极高的历史知名度，有关他的各种故事传说在民间广为流传。

江南才子唐伯虎

唐寅出生于苏州吴县皋桥吴趋里商贾之家，他自幼聪明伶俐。少年时即有

侠客英雄之理想，视鲁仲连与朱家为偶像。弘治初年，曾与祝允明、文徵明等人倡为古文辞。25岁时，他的家庭遭遇急剧变故，短短一两年之内，父母、妻儿及唯一的妹妹都离开了人世，唯剩下弟弟唐申一家与他相依为命。接连的不幸让唐寅一度陷入消沉，后经文徵明父亲文林（1445—1499）和好友祝枝山的劝导，悲痛之余潜心学问，试图努力考取功名以告慰亡亲。在日后写作的《白发》一诗中，这种决计痛改前非，向科场进发的心态一览无余：“清朝揽明镜，玄首有华丝。怆然百感兴，雨泣忽成悲。忧思固逾度，荣卫岂及衰。夭寿不疑天，功名须壮时。凉风中夜发，皓月经天驰。君子重言行，努力以自私。”明孝宗弘治十一年（1498），唐寅参加乡试高中解元。第二年，与江阴富子徐经一同参加会试。由于两人在京师进出张扬，惹人注目，会试中三场考试结束时，城中传出“江阴富人徐经贿金预得试题”之流言，户科给事华昶便匆匆弹劾主考程敏政鬻题。虽鬻题之事缺乏确凿证据，但舆论喧哗不已，最终主考程敏政被贬为浙藩小吏，唐寅则“责为部邮”，只能做个地方官的随从，这意味着他将长久作为打理繁碎事务的卑微吏员，而日后担任重要或高级职务的官员基本无望，这必然使才华横溢且背负光耀门庭之责的唐寅深以为耻。于是他满怀“士也可杀，不能再辱”的悲愤和绝望弃吏而归。从此纵情山水风月之间，后筑室“桃花坞”聊以自娱。但他的归隐之心、避世之志实为对现实世界的消极反抗，是为自己的怀才不遇鸣不平。一旦有望再返宦场，他势必抛却隐逸之心，再回归官场沉浮。他在《夜读》一诗中豪气干云地宣称：“人言死后还三跳，我要生前做一场。名不显时心不朽，再挑灯火看文章。”可见封官晋爵之心只是被他故意藏匿却没从心底彻底磨灭，后来的宁王府一行亦足可证之。45岁时，应宁王朱宸濠之请赴南昌半年余，原以为满腹才华终有施展之地，然而命运却给了唐寅一次更为严峻的考验。他察觉到宁王有图谋不轨之心，被迫装疯卖傻才得以脱身而归。这次豫章之行，他乘兴而去，却斯文扫地而回，身心俱被摧残，而此事让他最终放弃了建功立名之心，转而彻底投入诗、酒、茶、书、画的世界里抒发自己苦闷的情怀。自此“茶灶鱼竿养野心，水田漠漠树阴阴”，“笑舞狂歌五十年，花中行乐月中眠”。一生的坎坷，消磨了少年的凌云之志，也让他终于觉悟，唯有在“淡泊隐逸”中，借吟诗绘画、花月茶酒寄托理想，才能让灵魂有所依附。因此，唐寅的绝仕归隐，既是对吴人传统的沿袭，又受时代文人氛围的浸润，也是经历生活痛苦之余寻求内心安宁和快乐的必然选择。

明代文人生活的真实写照

唐寅《事茗图》所描绘的是文人雅士夏日品茶的生活图景：开卷但见翠峰如黛，巨岩峥嵘，飞瀑直下，溪流淙淙；位于参天古松下的数间精致茅舍内，侧室一童子正在煮茗烹茶，正室则有一人面对壶具，若有所待；屋外流水小桥上有一老翁倚杖缓行，抱琴侍童紧随其后，正应邀前来品茗聚谈。整个画面清幽静谧，人物传神，流水有声，动静结合。透过画面，观者仿佛可以听见潺潺水声，闻到淡淡茶香。此图生动而形象地表现了文人雅士幽居的生活情趣，也是作者通过自己的笔端将文人心目中理想化的世外桃源具体化于尺幅之上。幅后自题诗曰：“日长何所事？茗碗自赍持。料得南窗下，清风满鬓丝。”尤为巧妙的是，这幅名作《事茗图》，是唐寅送给一位名叫陈事茗的朋友的。此事原来并不清楚，直到此画几经周折归藏北京故宫博物院后，专家根据卷后陆粲于嘉靖乙未年所书《事茗辩》跋文，才弄清楚了陈事茗的相关事迹。事茗姓陈，是书法家王宠的朋友，王宠又为唐寅的儿女亲家，故陈氏与唐寅也交往甚多。一幅描绘事茗的茶画，送给文友陈事茗，实在是最巧妙不过的雅事！此画卷前有文徵明所书画名“事茗”两个雄浑苍劲的隶书大字，落款“吴趋唐寅”，字体流畅洒脱，有“唐居士”“吴趋”“唐伯虎”三印。

此图为唐伯虎最具代表性的传世佳作：画面构图严谨、别出新意，山水人物用笔工细精致，线条秀润流畅，墨色皴染圆润柔和，似多取法于北宋李成、郭熙二家，兼融元人笔墨；全作画风清劲秀雅，景物开阔，意境清幽，层次分明，为唐寅秀逸画格的精作。入清之后，曾入内府收藏，画作卷右的乾隆帝御题诗可为明证：“记得惠山精舍里，竹炉瀹茗绿杯持。解元文笔闲相仿，消渴何劳玉常丝。”落款附记：“甲戌（1754）闰四月，雨余几暇，偶展此卷，因摹其意，即用卷中原韵题之，并书于此。御笔。”并盖有“乾隆御赏之宝”之印。这也是这幅国宝名画的珍贵处之一。

尤值一提的是，在中国茶文化中，同茶诗、茶文相比，有关茶事的绘画作品相对较少，而唐寅的这幅《事茗图》被公认为茶事名画，并被列为国宝。唐寅素能诗文、兼善书法绘画，晚年纵放、嗜茶，有茶画多幅、茶诗多首；由于科场挫折、绝于仕途，他在饮茶作画中经常流露出怀才不遇、孤芳自赏之情。此作中事茗者怀才不遇、空有大志却无所事事，只能从品饮事茗中寻求寄托：端坐南窗，清风徐来，品饮一盏好茶，亦不失为人生一大快事。而这也正是唐寅本人人生境遇与生活状态的真实写照。

092 明末农民起义的历史见证

国家宝藏

虎钮永昌大元帅金印

年　代：明崇祯，公元 1628—1644 年

尺　寸：边长 10.3 厘米，印台厚 1.6 厘米，通高 8.6 厘米

材　质：金

出土地：2013 年四川省眉山市彭山区江口沉银遗址出土

收藏地：不详

【引言】“石龙对石虎，金银万万五。谁人识得破，买到成都府。”明末农民起义领袖张献忠于岷江中千船沉银的传说在民间一直广为流传。而这首流传数百年的童谣，也成为无数人追寻张献忠财宝的“寻银诀”。2016 年，一场震惊中外的盗墓大案的破获，终于解开了江口沉银宝藏的神秘面纱，让世人看到了明末最真实的历史面貌。

彭山江口盗宝案

据史料记载，明末农民起义领袖张献忠反明起义后，于明思宗崇祯十七年（1644）八月初九占领成都，建立大西国，改元大顺。1647年七月，张献忠率部与明朝残将、川西地方将领杨展在彭山江口激战，溃不成军；张献忠和部分官兵逃回成都，而其满载金银的船只多数被烧毁或击沉江中。张献忠究竟聚敛了多少财富？千船沉银究竟是民间传说还是确有其事？这个百年谜团，随着震惊世人的张献忠沉银盗掘案的告破，这才拨开迷雾、真相大白。

2016年的四川彭山江口盗宝大案，被列为2016年全国文物第一案：案件侦办前后历时近三年，警方追回文物上千件，经4名国家文物专家鉴定，其中有100件属于国家珍贵文物。而这100件中，包括8件国家一级文物、38件二级文物、54件三级文物，涉案文物交易金额达3亿余元。在这批追回的文物当中，一级文物虎钮永昌大元帅金印尤为引人注目。这枚稀世珍宝，于2013年春为彭山当地的一个盗掘团伙从江底泥沙中偶然挖得，随后以800万元的高价卖给了文物商人。

这件虎钮永昌大元帅金印，虎形印钮气势悍猛、鲜活灵动，印面文字为九叠篆阳文“永昌大元帅印”，印台上阴刻“永昌大元帅印，癸未年仲冬吉日造”，显示其铸造于1643年农历十一月。该金印是张献忠江口沉银发掘研究及文物研究中的核心文物，对于考证沉船文物性质和揭开明末一些鲜为人知的史事极为关键。其实，颇受关注的并不是这方金灿灿、沉甸甸的帅印本身，而是其神秘莫测、扑朔迷离的历史背景和来历。同时，人们对此印上的“永昌”年号和“大元帅”职衔产生了许多质疑。

金印考辨

有专家学者认为，此物不见得为张献忠本人所用之印；也有专家学者认为，这是张献忠建立大西国后，专门给自己量身定做的金印；也有学者认为，这是李自成在北京建立大顺政权后，为了拉拢张献忠而给他定制的大元帅之印；还有学者认为，金印有可能是过往船只沉船遗失江中的。总之，见仁见智，众说纷纭。

可以肯定的是，这枚金印是属于张献忠当年的江口沉船遗物，但是并不能确定它就是张献忠之物。我们综合各种历史文献加以考证，可以初步得出以下结论：虎钮永昌大元帅金印并不是张献忠之印，而是李自成大顺政权所铸、在某个特定历史条件下颁赐给张献忠的。

认为此印不是张献忠之印的理由有以下三点：

一、“永昌”之号与张献忠无涉。张献忠攻占成都后称帝建立政权，国号大西，年号大顺。

二、“大元帅”不是张献忠的军制。张献忠称帝建国之前，一直自号“八大王”，手下有孙可望、李定国、刘文秀、艾能奇四养子，均为将军。张献忠军中是典型的家族式、山大王式军事管理模式，从来没有设立过大元帅这一最高军事职衔。

三、金印制作年代与张献忠当时时局处境不符。金印印台上阴刻“永昌大元帅印，癸未年仲冬吉日造”，标明该金印铸造于崇祯十六年（1643）十一月；然而历史资料记载，张献忠此时正在攻取常德府，直至十一月二十二日，张献忠才亲率大军占领常德府。占领常德府后，他还要集中精力、兵力和时间，与杨嗣昌之子杨山松的团练进行周旋。因此，张献忠虽于此时占领了常德府，却仍纠缠于战事，根本没有条件、时间和动机来铸造此印。

认为此印是李自成大顺政权之物的理由也有以下三点：

一、“永昌”是李自成的年号。李自成在西安建立大顺国，年号永昌；而且大顺政权只有永昌一个年号，时间不到两年。在明末这一历史时段，“永昌”可以看作是李自成的专属代名词。

二、“元帅”是李自成的军制。李自成在湖北襄阳建立农民政权时，就明确了军事建制，即中、左、右、前、后五营，其中中营为标营。据《明季北略》

记载：李自成“自称倡义大元帅，为一品；权将军，二品”。湖北通城李自成大顺博物馆（筹）收藏的“顺天倡义大元帅”玉印，也证实了这一历史事实。

三、金印铸造时间正是李自成在西安筹建大顺国之时。历史记载，崇祯十六年（1643）十月十一日，李自成率农民军进入西安，随即就安排文臣着手筹划建国事宜，自己则率兵回米脂故里光宗耀祖去了。虎钮永昌大元帅金印铸造的时间为“癸未年仲冬”，即1643年农历十一月，正是李自成在西安筹建大顺国的时间。

综上分析，可以判断张献忠彭山江口沉船遗物中的核心文物——虎钮永昌大元帅金印，是李自成大顺政权之印，而不是张献忠之物。那么，作为大顺政权如此高级别、贵重的帅印，怎么会到了张献忠之手呢?

这就有必要分析李自成与张献忠二人之间的关系。李、张二人同为明末农民起义的领袖，有着各自的势力，加上时局变化、外部环境错综复杂，所以关系很复杂，有联合也有斗争。张献忠资格老，李自成发展好；大西军骑兵强、擅长流动作战，大顺军势力渐大、可主力对决。但是李自成手段更厉害，在不断发展壮大的过程中消灭、吞并了多股中小起义军势力，令张献忠对其有所畏惧。崇祯十六年（1643），张献忠攻克武昌，李自成恐吓他“老回回已降，曹、革、左皆被杀，行将及汝矣”；张献忠委曲求全，“多赍金宝，报使于自成。自成留其使，献忠恨之”。崇祯十七年（1644）正月，李自成称帝：“十七年春正月，李自成称王于西安，僭国号大顺，改元永昌。自成久觊尊号，惧张献忠、老回回相结为患，既入秦，通好献忠。”据此记载，可以合理推断，这枚虎钮永昌大元帅金印应当就是李自成“通好献忠”的产物，李自成铸此高规格的帅印颁赐给张，目的在于对张笼络之、羁縻之，为自己称帝铺平道路。可以说，此印正反映了明末农民战争中李自成与张献忠之间复杂而曲折的关系。当然，这一推断还有待于今后文物、文献方面新的重大发现加以进一步验证。

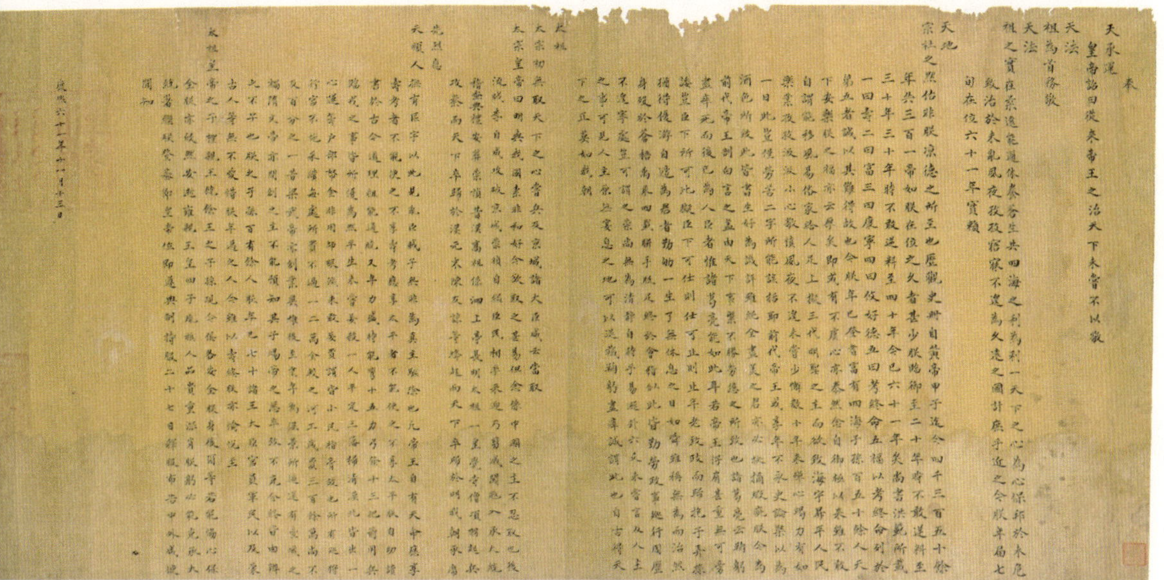

093 雍正皇帝即位的迷雾

清圣祖遗诏

年　代：清康熙六十一年，公元 1722 年
尺　寸：不详
材　质：纸本
收藏地：中国台北故宫博物院

【引言】在清朝的历代皇帝中，雍正帝大概是最具神秘色彩、最富有争议的一位了。从继承大统到猝然离世，雍正 13 年的帝王生涯似乎自始至终都充满疑云，似乎他的每一步都伴随着争论与非议……其中的焦点，无疑就是他即位的合法性问题：康熙帝临终时指定的皇位继承人究竟是谁？雍正有没有通过操弄政治手段谋夺了皇位？

康熙末年九王夺嫡

清圣祖康熙皇帝是清代杰出的帝王，在位61年，君临天下时间之久，为中国历史之最。由于皇子众多，康熙皇帝在建储问题上处置失当，尤其是两废太子，直接导致了康熙末年的“九王夺嫡”的爆发。

在康熙皇帝生前，诸皇子为了争夺储位，私结党羽。以嫡长子胤礽为首的太子党最先出现，其次实力雄厚的皇八子胤禩与皇九子胤禟、皇十四子胤禵（一名胤祯）结成了皇八子党，皇四子胤禛则有一个若隐若现的皇四子党，而康熙皇帝的庶长子胤禔也参与其中，意欲争渔人之利。这其中斗争最激烈的是太子党和皇八子党。太子胤礽年仅2岁就确立了储君之位，然而康熙皇帝的高寿对于太子来说已经不能忍受，长期的父子矛盾积累和兄弟倾轧，导致康熙四十七年（1708）太子第一次被废。孰料此事一出，非但没能化解危机，反而更激起了

清圣祖遗诏满文部分

诸皇子对于储君之位的争夺。康熙皇帝权衡再三，又复立太子。在此期间，皇四子胤禛始终扮演太子的坚定支持者，而庶长子胤禔则在斗争中被永远圈禁。

有了第一次被废的经历，太子胤礽非但没有吸取教训，反而变本加厉地进行打击报复，导致朝野震荡。无奈之下，康熙五十一年（1712）太子再度被废，并被圈禁起来。此后，关于储位的争夺进入了白热化阶段。其间皇八子胤禩及其党羽积极活动，谋求嗣立。这种明目张胆的动作，引起了康熙皇帝的反感，他曾说："胤禩因不得立为皇太子，恨朕切骨，伊王党羽亦皆如此。二阿哥悖逆，屡失人心。胤禩则结人心，此人之险，实百倍于二阿哥也。"在夺嫡之争中，皇四子胤禛笑到了最后，顺利登上了皇位。

正是由于"九王夺嫡"，胤禛继位之后，关于其即位合法性的言论四处流布，而影响最大的就是人们熟知的篡改诏书之说。据说当时康熙想要传位给皇十四子胤禵，诏书写的是"传位十四子胤祯"，而皇四子胤禛则勾结隆科多擅改遗诏，将"十"字改为"于"字，将"祯"字改为"禛"字，于是诏书就变成了"传位于四子胤禛"。此种说法在野史中甚为流行，这也是清代著名的迷案之一。

汉文遗诏透露的信息

2009年10月7日，备受两岸文化学术界瞩目的"雍正——清世宗文物大展"在中国台北故宫博物院拉开帷幕，这是一场以清世宗雍正帝其人其事及其时代为展览主题、力求还原雍正帝真实形象的展览。此次展览选取了雍正一朝的包含绘画、书法、档案、古籍、玺印、瓷器、珍玩等各类艺术珍品在内的珍贵文物共246件，意在通过这些颇具人文气息的、精致典雅的艺术品，还原历史上雍正皇帝的真面目。在这两百多件展品中，最为引人注目的当数康熙遗诏。

清代的遗诏通常用满、汉两种文字书写同一内容，即清代诏旨所惯常采用的所谓“满汉合璧”式。此次展出的康熙皇帝遗诏为汉文写本，全本文字颇多、洋洋洒洒千余言，其中最核心的一句是“雍亲王皇四子胤禛，人品贵重，深肖朕躬，必能克承大统，着继朕登基，即皇帝位”。字迹清晰、并无涂抹改饰痕迹，明确表达出雍正就是康熙指定的皇位继承人这一信息。

这份遗诏告诉人们一个重要的信息，清代皇帝传位诏书的书写格式是有严格规定的，而要想在字画上进行篡改十分困难。加之其书写模式不但要有汉文，还要有满文，稍有不慎，必露破绽。唯一遗憾的是，目前我们所能看到的康熙遗诏的满文版本都有损毁，而且损毁的主要地方就是关于继承人的内容，这无形中就增加了断定胤禛即位合法性的难度。

尽管史学界对此还存在各种争议，但在没有发现更具说服力的物证之前，这份从形式到内容乃至书写字迹细节都无可辩驳的汉文遗诏是能够证明雍正即位合法性的重要历史文献，是可以廓清雍正帝即位疑云、为雍正帝正名的重要国宝级文物。

094

雍正帝的日常生活

珐琅彩锦鸡富贵图碗

年　代：清雍正，公元 1723—1735 年

尺　寸：高 6.6 厘米，口径 14.5 厘米，足径 6 厘米

材　质：瓷

收藏地：中国台北故宫博物院

【引言】在清朝统治的近三百年漫长岁月里，有一个不仅为清人所艳羡，也向来为史学界所津津乐道的历史时期，这就是“康乾盛世”。与盛世百余年间繁荣的社会经济、强盛的国力相对应的，是这一时期在手工技艺方面的突出水平与成就。当然，康熙、雍正、乾隆三位帝王在文化艺术领域的造诣与品位，无疑也对此起到了重要的助推作用。就制瓷而论，这一时期新创烧的珐琅彩瓷可谓是别具一格、饶有情趣。

珐琅彩瓷的烧制

珐琅彩瓷，是指使用珐琅彩料在瓷胎上彩绘装饰纹样的瓷器，亦称“瓷胎画珐琅”，最早于清康熙五十一年（1712）烧造成功，至雍正时得到极大发展，自乾隆以后渐趋衰落。雍正朝是珐琅彩瓷获得长足发展的重要时期。康熙末在西洋画珐琅器与技艺传入的影响下，珐琅彩瓷清宫创烧成功。雍正帝继承了康熙力图超越西洋、摆脱对西洋的依赖的想法，自即位后持续力推珐琅彩瓷的研制烧造。

雍正珐琅彩的制作与康熙时期有显著不同，首先，这时的珐琅彩已由追求金属效果发展为追求瓷器的本质表现，因此在胎体方面，不再用反瓷而采用景德镇新烧成的优质细白瓷，这种细白瓷无论在白度或透明度上都超过明代永乐的白釉瓷，为雍正朝及以后的珐琅彩和粉彩的制作提供了有利条件。此外，也有直接用雍和宫及清宫内的旧藏白瓷。不管是新烧还是旧藏的白瓷，质地都具有薄、轻、润、细、洁的特点，将其作为胎体使用，是雍正朝珐琅彩和粉彩能有突破性发展的关键之一。北京故宫博物院至今仍保存许多雍正薄胎白瓷器，部分可能是当时制作珐琅彩瓷的备用品。其次，康熙朝珐琅料全部由外国进口，雍正朝在宫内制作的各种珐琅器数量猛增，进口料已供不应求，于是雍正六年（1728）二月谕旨怡亲王允祥“试炼”珐琅料，同年七月试炼成功，此后的珐琅彩多用清宫自制彩料。新增珐琅料中有许多颜色是进口料所无的。据清宫档案，新增色彩有软白、香色、淡松黄色、藕荷色、浅绿色、酱色、深葡萄色、青铜色、松黄色等，色彩种类大为丰富。由于彩料丰富，一件雍正珐琅彩瓷器上的纹饰，常常同时施以二三十种颜色。

乾隆以后，珐琅彩瓷便渐趋衰落。它的全部发展历程虽然前后仅70余年，但却将中国古代彩瓷推向顶峰，涌现出一大批精美绝伦、闻名于世的彩瓷佳作，这只珐琅彩锦鸡富贵图碗便是其中之一。

高雅大气的雍正珐琅彩

雍正帝还于雍正五年（1727）特地降旨颁发“内廷恭造式样”，指示宫廷器物必须与宫外生产的“外造之气”有所区别。如在装饰纹样上，由于雍正帝亲自定调“秀雅”“细致”的要求，同时又指定唐岱、戴恒、贺金昆、汤振基和郎世宁等供奉内廷的画家为画珐琅器制作稿样，影响所及，无论是满饰纹样或装饰有诗、书、画、印四种元素的组群，全都美轮美奂。诗、书、画、印四种元素相结合的这一装饰纹样，一方面因其鲜见于宫外造作，而堪称“内廷恭造式样”的典型代表；另一方面，追根溯源，虽然在康熙朝偶有此种先例，但装饰在雍正朝珐琅彩瓷上的图画、题句和印章，乃至于器底款识，都有更为丰富多元的组合和样式，不仅康熙朝的风格为之一变，并且在画匠和书手的通力合作下，诗、画、印三者意涵相通、相得益彰，展现了雍正朝珐琅彩瓷更高的艺术水准。

中国台北故宫博物院珍藏的珐琅彩锦鸡富贵图碗就是雍正珐琅彩的杰出代表。此碗弧壁、圈足，底有蓝料正楷“雍正年制”四字款；碗胎体极薄，属于半脱胎，内外釉白如雪，莹润如玉。碗外壁一侧绘雉鸡牡丹花，另一侧题墨彩诗句，色彩鲜艳雅逸，画法精工绝伦。画面中心是一雄雉鸡，在山石牡丹丛中寻食，尾翼上的各色羽毛绒光如绢，绚烂夺目。雉鸡的头颈是滕黄色，背部蓝绿相间，腹腿铁红，尾羽赭褐色；周围的山石花草以粉红、藕荷、杏黄、淡黄、水绿等娇嫩颜色相衬托，直如一幅工笔花鸟画般绚丽动人。又配以五言行草书体诗句：“嫩蕊包金粉，重葩结绣云。”字句的首、尾有胭脂水章“佳丽”及“金成”“旭映”。由于敷施彩料较厚，以致花纹凸起，富有立体感。

此碗造型明丽秀逸，诗、书、画、印四合一的装饰纹样精到雅致，充分体现了雍正帝不俗的审美意趣和生活品位。

095 国家宝藏

清朝是这样治理西藏的

金贲巴瓶及牙签

年　代：清乾隆，公元 1736—1796 年
尺　寸：通高 34 厘米，口径 12 厘米，腹部直径 21.3 厘米，重 2850 克
材　质：金
收藏地：西藏自治区拉萨大昭寺

【引言】在中国历代封建王朝中，清代是中国统一的多民族国家发展和巩固的重要历史时期，这与清朝统治者相对高明的民族政策、强调“因其教不易其俗，齐其政不易其宜”的方针，以及针对民族地区采取的卓有成效的治理手段有着密不可分的关系。就西藏地区而言，清廷长期用心经营，除了采取果断的军事行动平定历次叛乱外，在西藏的治理上也煞费苦心，颁布《钦定西藏善后章程》，规定中央派驻驻藏大臣会同达赖喇嘛和班禅额尔德尼共同治藏、活佛转世灵童认定采取“金瓶掣签”制等一系列具有法律意义的制度，极大地强化了中央政府对西藏的控制力，使得清廷的中央意志得以有效地贯彻到西藏地方的治理中去。金贲巴瓶就是清朝治藏“金瓶掣签”制度的实物佐证。

金瓶掣签制度

自清廷于乾隆五十七年（1792）颁布《钦定西藏善后章程》后，藏传佛教在选定活佛转世灵童时，必须在中央政府代表的监督下用“金瓶掣签”的形式确定人选。金瓶即金贲巴瓶，“贲巴”是藏语“瓶”的意思。当年清廷御制有两件金瓶，一件颁赐给拉萨大昭寺，用于选定达赖喇嘛、班禅额尔德尼转世灵童；另

一件存放在北京雍和宫，用于选定章嘉呼图克图、哲布尊丹巴呼图克图两大活佛的转世灵童。

金贲巴瓶，是乾隆皇帝为改革西藏大活佛转世制度而特制的。藏传佛教是蒙、藏等民族虔诚信奉的宗教。按照佛经意旨，达赖喇嘛、班禅额尔德尼、章嘉呼图克图、哲布尊丹巴呼图克图等宗教领袖被尊奉为“黄教之宗”的大活佛，他们圆寂后“不迷本性”，都要投胎转世、出现“转世灵童”，选定转世灵童大活佛呼毕勒罕（蒙语“转世”的意思）作为继承者，这就是相沿已久的活佛转世制度。乾隆五十七年（1792），清政府在出兵平息了廓尔喀人对西藏的侵扰之后，乾隆皇帝决心对蒙、藏地区的活佛转世制度进行必要的修改和完善，决定采用一种新的方式来选定活佛，这就是金瓶掣签制度：将寻觅到的转世灵童的姓名、出生日期，用满、汉、藏三体文字分别写在象牙签上，用纸包好签后放于金贲巴瓶内，然后由熟悉经典的喇嘛诵经七日，七日后中央驻藏大臣亲临监督，由瓶中掣取一签确定转世灵童最终人选；章嘉呼图克图和哲布尊丹巴呼图克图两大活佛选定转世灵童，则由清廷理藩院尚书亲临雍和宫监督金瓶掣签来确定。此制既保留了活佛转世这一藏传佛教沿袭已久的制度，又保证了中央政府的监督，杜绝了蒙、藏上层大贵族对活佛转世的人为操纵，增加了公平公正性。

活佛转世的见证

金贲巴瓶是由乾隆皇帝以贲巴瓶为原型，亲自设计、亲自监督工匠制作的，从样式、花纹到装饰、选材，乾隆皇帝都做出了详细的指示。其实，清宫造办处有众多的能工巧匠，金瓶的制作工艺也不复杂，本来可以按照图纸直接完成，但乾隆皇帝却要求工匠先做一个小样呈览，满意后才可以正式动手做。看过小样后，乾隆皇帝觉得原定镶嵌的红、黄、蓝宝石不太适合，于是，又改成了历来受藏族人民喜爱的松石、珊瑚、青金石等作为装饰，由内廷造办处开始制作。乾隆皇帝亲自过问金贲巴瓶的设计制作、特意考虑到藏地的风俗习惯这一细节，凸显了清廷对于西藏问题的高度重视。

金贲巴瓶为纯黄金打造，瓶座与瓶盖装饰有云头、海水、如意宝珠等图案，瓶盖顶部嵌有一颗白玉，下面则是松石、珊瑚、青金石，瓶腹上部饰有精美的如意云头图案，中部则錾刻着十相自在图。金瓶外包裹五色锦缎制成的瓶衣，瓶口内插有签筒，筒内放置如意头象牙签五支，供确定转世灵童时用。此瓶的特殊意义在于：它是藏传佛教金瓶掣签制度的重要器物和象征，也是活佛转世灵童必须经过当时中央政府认定的历史见证。

金瓶掣签制度继承了活佛转世的精华，摒弃了原来存在的种种弊端；通过这一方式，不但提高了中央政府的权威，也使广大信众心悦诚服。此后，西藏班禅额尔德尼、达赖喇嘛等大活佛都是通过金瓶掣签制度选定的，第一个启动金瓶掣签并得到认定的达赖是九世达赖的转世灵童，即十世达赖楚臣嘉措；第一个用金瓶掣签认定的班禅是七世班禅转世灵童，即八世班禅丹白旺修。自清王朝至民国的二百多年间，西藏地区就有七十余名活佛通过金瓶掣签认定。金瓶掣签制度的订立，不仅纯洁了宗教内部在活佛转世灵童的认定上出现的流弊，而且维护了西藏地方的和平与稳定，加强了中央与西藏地方的关系。金贲巴瓶具有历史意义，是当之无愧的国宝级文物。

096 中国古代制瓷工艺的巅峰之作

各种釉彩大瓶

年　代：清乾隆，公元 1736—1796 年
尺　寸：高 86.4 厘米，口径 27.4 厘米，足径 33 厘米
材　质：瓷
收藏地：北京故宫博物院

【引言】在故宫武英殿瓷器馆的中心位置，展陈有一件不同凡响的瓷瓶，其体量之巨大、釉彩之丰富、装饰之华丽，足以吸引任何一位置身瓷器馆的游客驻足观赏、击节赞叹。这就是享有“中华瓷王”“瓷母”之美誉的清乾隆各种釉彩大瓶。

“中华瓷王”

各种釉彩大瓶系清代乾隆年间烧制，是中国古代制瓷工艺达到巅峰的代表作。瓶洗口，长颈，长圆腹，圈足外撇，颈两侧各置一螭耳。器身自上而下装饰的釉彩达15层之多。所使用的釉上彩装饰品种有金彩、珐琅彩、粉彩等，釉下彩装饰品种有青花，还有釉上彩与釉下彩相结合的斗彩。所使用的釉有仿哥釉、松石绿釉、窑变釉、粉青釉、霁蓝釉、仿汝釉、仿官釉、酱釉等。主体纹饰在瓶的腹部，为霁蓝釉描金开光粉彩吉祥图案，共12幅开光图案：其中6幅为写实图画，分别为“三阳开泰”“吉庆有余”“丹凤朝阳”“太平有象”“仙山琼阁”“博古九鼎”；另6幅为锦地“卍”字、蝙蝠、如意、蟠螭、灵芝、花卉，分别寓意“万”“福”“如意”“辟邪”“长寿”“富贵”，辅助纹饰主要有缠枝纹、缠枝莲纹、团花纹等。12幅开光画面十分精致，内容多取谐音字义、祈颂吉祥的传统内容。瓶内及圈足内施松石绿釉，外底中心署青花篆书“大清乾隆年制”六字三行款。整个大瓶以众多画面配合繁多的釉彩装饰，呈现出繁缛奢华的艺术风格。

高超的陶瓷技艺

不过，也有人认为这件“瓷母”大瓶不过是一件集合各种釉彩及纹饰的堆砌之作、炫技之品，实际上并非如此，可从以下几点来看：

一、“瓷母”体现出了乾隆朝瓷器繁缛奢华的艺术风格。每个朝代瓷器的艺术风格，都与其所处时代的政治经济、帝王喜好及风俗习惯等有着密切的联系。乾隆朝国力鼎盛、海内升平，乾隆帝又是一个颇具艺术修养且又好大喜功的君主，加之此时景德镇的制瓷工艺也已达到极高水准。所以就有了许之衡在《饮流斋说瓷》中对乾隆朝瓷器的评价：“至乾隆则华缛极矣，精巧之至，几于鬼斧神工。”

二、“瓷母”是乾隆朝制瓷工艺达到巅峰的体现。“瓷母”上采用的釉上、釉下等釉彩达到了15层之多，从烧造工艺上看，青花与仿官釉、仿汝釉、仿哥釉、窑变釉、粉青釉、霁蓝釉等均属高温釉彩，需先焙烧；而粉彩、珐琅彩、金彩及松石绿釉等均属低温釉彩，须后焙烧，如此复杂的工艺只有在全面掌握各种釉彩性能的情况下才能顺利完成。所以说，想要烧造成功工艺如此复杂的大瓶，全面而精准地掌握各种釉彩的烧制特点是关键所在。

三、“瓷母”是中国历代瓷器中涵盖吉祥文化最为丰富的器物。器腹上十二组或写实、或写意的开光吉祥图案，涵盖了中国传统文化中的福、寿、富贵、如意等众多吉祥文化，将如此众多的吉祥图案聚于一器，在中国瓷器史上是极为罕见的。

正因如此，对于这件凝结着清代制瓷工匠心血的瓷之重器，我们不应该简单地用“堆砌”“炫技”等词眼来轻率地评论；以一种欣赏的心态去看待这件“瓷母”，并尽可能地提高我们的现代制瓷工艺水平以与之趋近。这才是今天的人们应有的态度。

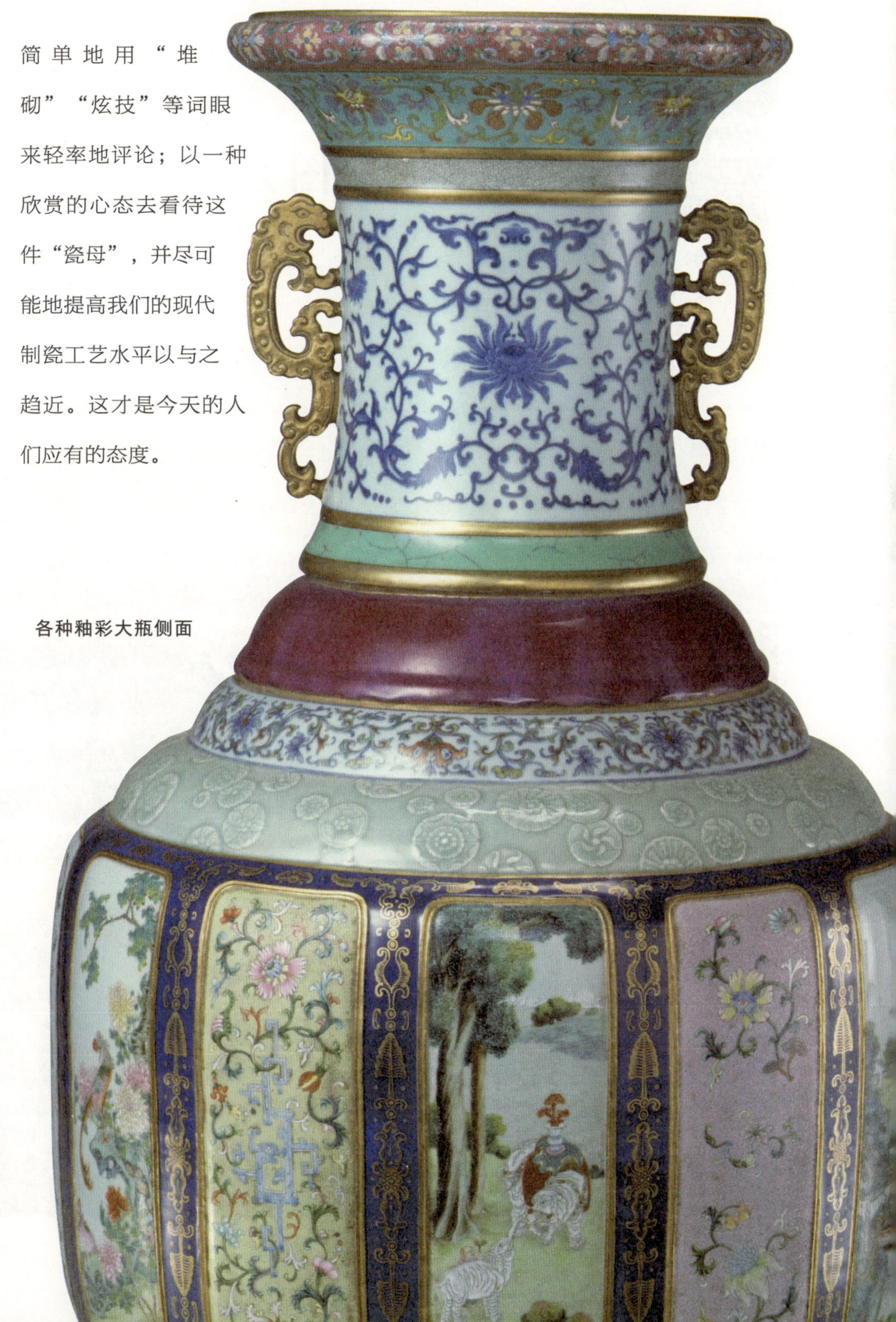

各种釉彩大瓶侧面

097 宫廷里的西方艺术

郎世宁《百骏图》

年代：清，公元 1616—1911 年

尺寸：纵 102 厘米，横 813 厘米

材质：绢本

收藏地：中国台北故宫博物院

【引言】郎世宁（Giuseppe Castiglione），意大利人，原名朱塞佩·伽斯底里奥内，生于意大利米兰，清康熙帝五十四年（1715）作为天主教耶稣会的修道士来中国传教，随即入宫进入如意馆，为清代宫廷十大画家之一。他历经康、雍、乾三朝，在清廷从事绘画五十余年，并参加了圆明园西洋楼的设计工作，极大地影响了康熙之后清代宫廷绘画的风格和审美趣味。他的主要代表作有《十骏犬图》《百骏图》《乾隆大阅图》《瑞谷图》《花鸟图》《百子图》等。

中西合璧《百骏图》

《百骏图》共绘骏马百匹，它们或站或卧，或翻滚嬉戏，或交斗觅食，聚散不一，自由舒闲。画面中的马儿和人物、山水、草木，无不精致写实，比例结构的精准和对光的运用所表现出的立体感，显示出画家深厚的西画功底。而勾线、皴染又都是传统的中国手法。

这幅形象逼真、构图繁杂、色彩浓丽的长卷给人印象最深的地方，是画家给予人们足够的空间，它不是一览无余，而是令人产生无边的遐想。画面的首尾各有牧者数人，控制着整个马群，体现了一种人与自然界其他生物间的和谐共生关系。在表现手法上，郎世宁充分展现了欧洲明暗画法的特色，马匹的立体感十分强，用笔细腻，注重动物皮毛质感的表现。

郎世宁引领的艺术潮流

郎世宁的主要贡献在于大胆探索西画中用的新路，熔中西画法为一炉，创造了一种前所未有的新画法、新格体，堪称郎世宁新体画。郎世宁来到中国后仔细研习了中国画的绘画技巧，他的中国画具有坚实的写实功力、流畅地道的墨线、一丝不苟的层层晕染，外加无法效仿的颜色运用，中西合璧，让人耳目一新。郎世宁以其独创的新画体博得了皇帝的赏识和信任。从现存的郎世宁画作来看，它既有欧洲油画如实反映现实的艺术概括，又有中国传统绘画之笔墨趣味，确有较高的艺术感染力。郎世宁以其严谨扎实的写实功底、注重明暗效果的绘画特色，以及作品整体上浓厚的欧洲绘画风格和情调，确立了自己在清朝宫廷画师中的地位。

清代是中国宫廷绘画的顶峰时期。正是在郎世宁中西合璧绘画技法的影响下，才形成了别具一格的宫廷画风。郎氏尤擅画马，这幅《百骏图》便是其生平百余幅马作品中的杰出代表作，其艺术价值、文化价值都是不可低估的。

098 寓意吉祥的玉雕珍宝

国家宝藏

翠玉白菜

年　代：清，公元1616—1911年

尺　寸：长18.7厘米，宽9.1厘米，厚5.0厘米

材　质：翡翠

收藏地：中国台北故宫博物院

【引言】但凡去台湾地区观光旅游的大陆游客，大概都会把台北故宫博物院列为行程中必不可少的重要一站；而几乎所有去台北故宫博物院参观的游客，都不会错过与东坡肉石、毛公鼎并称为“台北故宫博物院镇院三宝”的翠玉白菜。

雅俗相宜的镇院之宝

其实要论及器物本身的历史，这棵翠玉白菜充其量也就是清代中后期的作品，年代并不久远，但它的珍贵之处在于其雕工之精巧、寓意之美好。这棵白菜尺寸与真实白菜的相似度近乎百分之百。全件系由一块一半灰白、一半翠绿的翠玉石料雕琢而成，不知名的工匠充分运用巧雕的工艺技巧，把玉料的绿色部位雕成菜叶、灰白色部位雕成菜帮，并且还创造性地把原本玉料上需要剔除的瑕疵巧雕为趴在菜叶上的两只小昆虫，活灵活现、滋润新鲜。日常的题材与精巧的雕工的完美结合，让观者备感亲切又叹为观止。尤值一提的是，菜叶上的两只小昆虫也不是信手雕来的随意之作，它们是寓意多子多孙的螽斯和蝗虫，而且蝗虫和螽斯的每一根触角都清晰可见，足见其制作者的精湛技艺。

瑾妃的陪嫁之物

这件作品原陈设于故宫永和宫，此宫在清末是光绪皇帝妃子瑾妃的寝宫，相传这棵翠玉白菜即为瑾妃随嫁的嫁妆之一，蕴含着多重美好的寓意。首先白菜音同百财，寓意财富，又寓意清白、象征新嫁娘的纯洁。特定的两只昆虫则寓意多子多孙，祈愿新妇子孙众多。白菜虽是再寻常不过的蔬菜，但因其寓意好、设计巧，充分体现了作为嫁妆所应具备的美好祝愿功能。概括而言，自然材质、匠心设计、意蕴象征这三者充分而完美地结合，最终成就了翠玉白菜这一不可多得的玉雕珍品。

099 一段屈辱的民族记忆

北洋水师“镇远”舰铁锚

年代：清光绪，公元1875—1908年
尺寸：长4.15米，宽2米，重约4吨
材质：铁
收藏地：中国人民革命军事博物馆

【引言】在中国人民革命军事博物馆兵器馆西广场，陈列着一副长4米、宽2米、重达4吨的巨大铁锚，这就是当年清政府北洋水师巡洋舰“镇远”号上的铁锚。铁锚遍体镌刻着岁月的沧桑印痕，向参观者诉说着不堪回首的往事……

甲午海战

“镇远”舰是清朝海军北洋舰队主力铁甲战列舰之一，1885年从德国伏尔铿造船厂订购驶抵中国，与“定远”“济远”“经远”“来远”“致远”“靖远”“平远”等七舰并称为北洋“八远”。该舰排水量7335吨，航速14.5节，舰上配备火炮22门，鱼雷发射管3具，战斗乘员331人，具有很强的攻防能力，是北洋海军的中坚力量。

“镇远”舰和同级同型的姊妹舰“定远”舰，是中国近代海军史上最早的两艘主战军舰。它们诞生于19世纪中后叶的中国洋务自强时代，最终又消逝在决定近代中日两国命运的甲午战争中。定、镇二舰由李鸿章主导购建，他曾委派专员赴西欧多国考察，最后决定在德国伏尔铿造船厂签约建造两艘铁甲舰。李鸿章将此二舰分别命名为“定远”（英文名称TingYuen）、“镇远”（英文名称

ChenYuen）。1885年10月，二舰驶抵大沽口，“镇远”“定远”正式编入北洋水师。

1894年9月17日，中日甲午海战爆发。清政府海军实力号称亚洲第一、世界第九，花费数百万两白银打造的北洋水师在与日本联合舰队的一系列激烈交战后，损失惨重，退守威海卫基地。“损失惨重”简单四个字，意味着“经远”“致远”等军舰沉没，“来远”等战舰受伤，死伤官兵千余人，“致远”舰管带邓世昌等名将殉国。威海卫军港不久也为日军攻占，北洋水师所属“威震亚洲”的铁甲军舰，一部分被击沉，一部分被日军俘获。甲午海战，中国近代史上的第一次、也是最后一次大规模海战，以中国人的惨败而告终。

“镇远”铁锚的回归

“镇远”舰在威海保卫战中被日军俘获，后被编入日本联合舰队服役，至第一次世界大战前被拆解；为了纪念甲午海战的胜利，日本将舰上的铁锚和“靖远”舰的铁锚一同陈列在东京上野公园，还将“镇远”舰主炮弹头10枚置于铁锚周围，弹头又焊上“镇远”舰锚链20寻以环绕陈列场地，同时在一旁立有海战碑向世人炫耀。但凡华侨、中国留学生经过此处，无不引以为耻，或转头疾走，或垂首掩泣。“镇远”舰铁锚成了每一个中国人心中的痛……

1945年8月，中国人民取得了抗日战争的伟大胜利。中国国民政府和中国海军当局产生了收回“镇远”舰和“靖远”舰铁锚等遗物的想法。但驻日盟军最高将领、美国麦克阿瑟将军并不以为然。中国政府屡次提出，都被拖延下来。

1947年2月，海军少校钟汉波受中国政府委派赴日任中国驻日代表团参谋。行前，海军总司令桂永清召见了钟汉波，向他交代：甲午海战，“镇远”“靖远”两舰为日所俘，其舰锚、舰链及炮弹等被陈列在日本东京上野公园，是乃国耻。你抵日到职后，立即将其索还，以除耻辱。钟汉波毫不犹豫地答应下来。钟汉波一行到达日本之后，立即着手进行索还两舰遗物的工作。在此之前，中国政府的外交人员就曾索取过这些遗物，但都无疾而终，不了了之。鉴于以前的失败，钟汉波做了深入细致的调查，同时仔细研究战争结束以后的相关文件，最终拿出了切实有利的证据。在钟汉波的不懈努力下，驻日本盟军总部终于同意将铁锚等遗物还给中国。

1944年4月4日，盟军总部将舰锚归还案受理办妥。备忘录正本送达“中华民国”驻日代表团，内容是归还“镇远”“靖远”舰锚2个、锚链20寻、炮弹弹头10颗。1947年5月1日上午9时，在东京芝浦码头举行交收签字仪式。5月1日上午9时，钟汉波抵达东京芝浦码头，参加接收签字仪式。钟汉波代表“中华民国”政府接收该批舰锚等物，由美国远东海军司令部海军上尉米勒第将文件交与钟汉波签字，证明已经接收“镇远”“靖远”舰锚2个、锚链20寻、炮弹弹头10颗，陈放在芝浦码头。中国驻日代表团第一组海军上尉刘光平、第三组组员刘豫生也同时在场见证。美方海军亦有随同官员及日本政府人员数人参加交收，仪式简单而隆重。

签收仪式完毕后，钟汉波等回到驻地，将签收正本呈交组长王丕承，王丕承核阅后存案归档。根据安排，

此批接收的铁锚等分两次运回国内，第一次将20寻、53米长的锚链和10颗炮弹弹头，交由日本归还“中华民国”之海关缉私舰“飞星”号，于1947年5月4日运回上海。第二次舰锚2个，交由归还“中华民国”之轮船“隆顺”号于10月23日运沪。这批被虏物后转到青岛海军军官学校陈列。

1959年，“镇远”舰铁锚被送陈中国人民革命军事博物馆。如今，“镇远”舰铁锚静静地躺在那里，它用无声的语言告诉人们，牢记过去的耻辱，努力实现中华民族的伟大复兴，让一切屈辱永远成为过去。

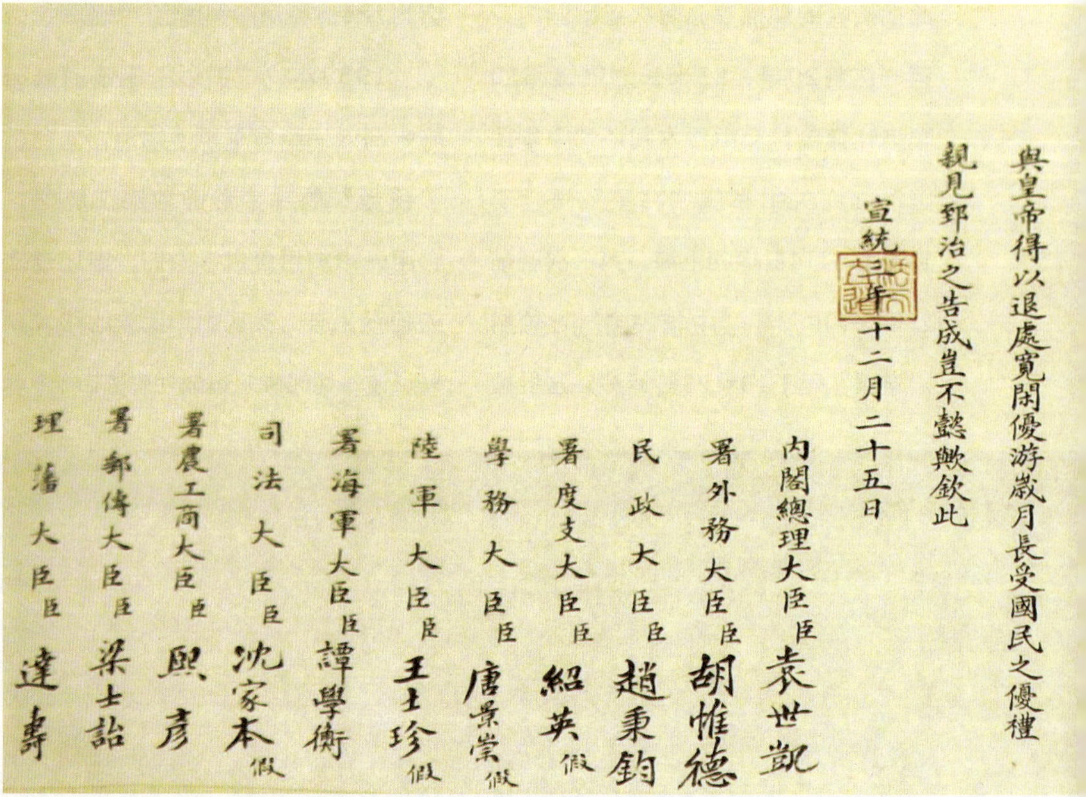

與皇帝得以退處寬閒優游歲月長受國民之優禮
親見郅治之告成豈不懿歟欽此
宣統年十二月二十五日
內閣總理大臣臣袁世凱
署外務大臣臣胡惟德
民政大臣臣趙秉鈞
署度支大臣臣紹英假
學務大臣臣唐景崇假
陸軍大臣臣王士珍假
署海軍大臣臣譚學衡
司法大臣臣沈家本假
署農工商大臣臣熙彥
署郵傳大臣臣梁士詒
理藩大臣臣達壽

100 封建王朝的彻底终结

清朝宣统皇帝溥仪退位诏书

年　代：清宣统三年，公元 1911 年
尺　寸：不详
材　质：纸
收藏地：中国国家博物馆

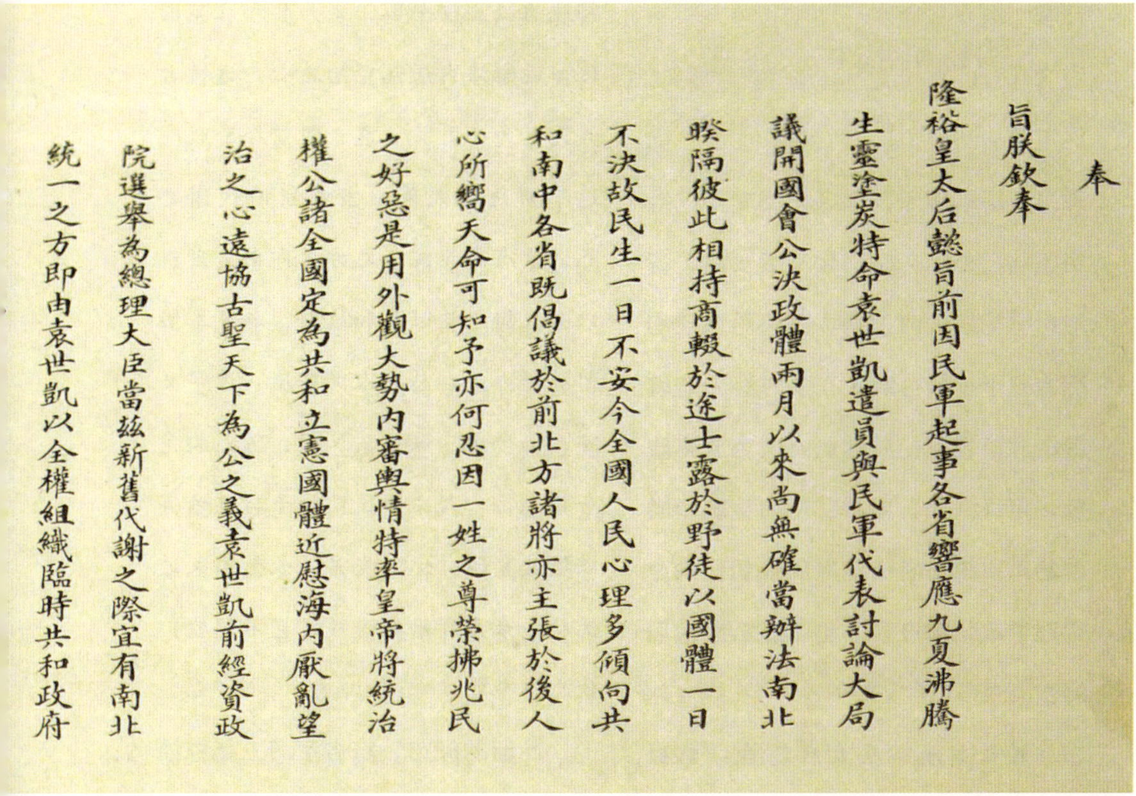

奉
旨朕欽奉
隆裕皇太后懿旨前因民軍起事各省響應九夏沸騰
生靈塗炭特命袁世凱遣員與民軍代表討論大局
議開國會公決政體兩月以來尚無確當辦法南北
暌隔彼此相持商輟於途士露於野徒以國體一日
不決故民生一日不安今全國人民心理多傾向共
和南中各省既倡議於前北方諸將亦主張於後人
心所嚮天命可知予亦何忍因一姓之尊榮拂兆民
之好惡是用外觀大勢內審輿情特率皇帝將統治
權公諸全國定為共和立憲國體近慰海內厭亂望
治之心遠協古聖天下為公之義袁世凱前經資政
院選舉為總理大臣當茲新舊代謝之際宜有南北
統一之方即由袁世凱以全權組織臨時共和政府

【引言】清宣统三年十二月二十五日（1912 年 2 月 12 日），清王朝最后一位皇帝，中国自秦始皇创立皇帝制度以来最后一位承绪封建法统的皇帝——宣统帝爱新觉罗·溥仪正式颁布退位诏书。此诏的颁布，不仅标志着清王朝在全国统治的结束，同时也宣告了中国延续了两千多年的封建帝制的终结。

清王朝帷幕落下

清末的中国，列强环伺，内忧外患，民不聊生，国家和民族都已经到了危亡之际。武昌起义爆发后，各地纷纷响应，清王朝本已风雨飘摇的统治陷于土崩瓦解。在多方势力的斡旋、调停之下，清廷最终决定放弃政权、接受共和。当时在位的宣统帝尚在幼年，故由隆裕皇太后临朝称制、代理朝政，退位诏书也以隆裕皇太后的名义颁布，全文如下：

朕钦奉隆裕皇太后懿旨：前因民军起事，各省响应，九夏沸腾，生灵涂炭。特命袁世凯遣员与民军代表讨论大局，议开国会，公决政体。两月以来，尚无确当办法。南北睽隔，彼此相持，商辍于途，士露于野。徒以国体一日不决，故民生一日不安。今全国人民心理，多倾向共和。南中各省，既倡义于前；北方诸将，亦主张于后，人心所向，天命可知。予亦何忍因一姓之尊荣，拂兆民之好恶。是用外观大势，内审舆情，特率皇帝将统治权公诸全国，定为共和立宪国体。近慰海内厌乱望治之心，远协古圣天下为公之义。袁世凯前经资政院选举为总理大臣，当兹新旧代谢之际，宜有南北统一之方。即由袁世凯以全权组织临时共和政府，与民军协商统一办法。总期人民安堵，海宇义安，仍合满、汉、蒙、回、藏五族完全领土为一大中华民国。予与皇帝得以退处宽闲，优游岁月，长受国民之优礼，亲见郅治之告成，岂不懿欤！钦此。

此诏的颁布，宣告了清王朝统治的终结：计自爱新觉罗·努尔哈赤创立后金，至宣统帝溥仪退位，立国凡297年；若自顺治帝入主中原起算，则为268年。这份大名鼎鼎的退位诏书，究竟系何人执笔起草，一直众说纷纭，未有定论，大多数意见倾向于起草人为立宪派领袖张謇，并且是由张謇的幕僚杨廷栋等执笔起草，经张謇润色，再由袁世凯审阅后才交与隆裕太后宣读。但据1912年2月22日的上海《申报》标题为《清后颁诏逊位

时之伤心语》的报道：此次宣布共和，清谕系由前清学部次官张元奇拟稿，由徐世昌删订润色，于廿五日早九钟前清后升养心殿后，由袁世凯君进呈。隆裕太后阅未终篇已泪如雨下，随交世续、徐世昌盖用御宝。此亦为一说。

封建帝制的终结

清帝退位诏书与以往历代的退位诏书的不同之处在于：以往的退位诏书内容都是皇帝向权臣移交政权，而清帝退位诏书发布的则是皇帝向资产阶级革命派移交政权的主张。因此可以说，在性质上清帝退位诏书与以往历代的退位诏书并无本质上的不同，它们都是国内政治活动中皇帝、皇族与权臣派系斗争妥协的产物，因此它主要是一种政治文件，并不具有宪法和法律的性质。

清帝退位诏书加快了中国实行“共和”的步伐，在一定程度上实现了政权的和平交接，这无疑是值得肯定的。孙中山也曾指出：“今日满清退位，中华民国成立，民族、民权两主义俱达到，惟有民生主义尚未着手，今后吾人所当致力者，即在此事。”但是诏书中明确授权“由袁世凯以全权组织临时共和政府”，而不是孙中山和南京临时政府，因此它在很大程度上支持了袁世凯的篡权和复辟活动，这无疑给新生的中华民国留下了重大隐患。

退位诏书的颁布，虽然宣告了中国历史上实行了两千多年的封建帝制的终结，但由于帝国主义列强的干涉和软弱的资产阶级革命派的妥协退让，大地主大买办阶级的政治代表袁世凯的篡权活动得到初步实现：1912年2月14日，孙中山向南京临时参议院提出辞去临时大总统职务；2月15日，南京临时参议院选举袁世凯为中华民国临时大总统；3月10日，袁世凯在北京宣誓就职，执掌了全国大权，但中国半殖民地半封建的社会性质并没有因此改变。

后记

本书在编辑出版过程中，得到了多方面的支持，无论是选题的策划还是文稿的撰写，都是诸多专业人士努力和辛苦的结果，在此谨向他们表示最崇高的敬意。第一、二章由首都师范大学历史学院博士李彦英撰写。第三章和第八章由北京市文物研究所副研究员孙勐、北京师范大学附属实验中学王宇涵撰写。第四章由北京古代建筑博物馆保管部主任、副研究员董绍鹏撰写。第五章由暨南大学历史学博士冉晓旭撰写。第六章由北京市古代建筑研究所副研究员刘文丰撰写。第七章由首都师范大学历史学院博士李彦平撰写。第九章由上海市信息管理学校文物保护与修复专业专任教师王云松撰写。书中所插配的国宝级文物图片，得到了著名文物摄影师王露老师、郝勤建老师的大力支持。在此一并表示感谢！

由于编者水平有限和时间仓促，书中舛误疏漏之处在所难免，恳请广大读者予以批评指正。

编者

2019年5月